トランプ大統領の無血開国

誰も知らない２０２０年米大統領選挙の真相

吉野 愛
Ai Yoshino

ヒカルランド

はじめに

２０２０年前半期のアメリカは中東危機に始まり、トランプ大統領への弾劾裁判、新型コロナウイルスによる世界的パンデミック、そして全米都市に広がった暴動であっという間に過ぎ去り、後半期は11月３日の米大統領選挙の迷走からアメリカの国民が二分されたことで国内は激動し、一年を通して新たな時代の到来を感じさせる年となりました。そして一見不規則に起きたと思われた「新型コロナパンデミック」と「米大統領選挙」を注意深く観察してみると、ここに一つの相似象《そうじしょう》が見え隠れしていたのです。それは第二次世界大戦との相似象です。

アメリカの視点から第二次世界大戦を考察すると、ヨーロッパ戦線と太平洋戦線という二つの違ったタイムラインがあります。ヨーロッパ戦線は１９３９年に始まり、

1944年のノルマンディー上陸作戦が転機となり、太平洋戦線は1941年の真珠湾攻撃に始まり、原爆投下、そして国際軍事裁判へと情勢は進んでいきます。つまり新型コロナパンデミックがヨーロッパ戦線に値し、転機となるノルマンディー上陸作戦が、ワクチン開発と米陸軍による全米へのワクチン分配です。すると戦後の国際軍事裁判であるニュルンベルク裁判の相似象として列強は、新型コロナウイルスが世界的パンデミックになった責任を、ウイルスの発生地である中国に問うことになるのでしょうか。アメリカではこの新型コロナウイルスはメイド・イン・チャイナの生物兵器だったのではないか、という情報戦がすでに始まっていました。

そして第二次世界大戦の後半部分である太平洋戦線が2020年の米大統領選挙であり、真珠湾攻撃に対応する部分は大統領選挙で起きた外国からのサイバー攻撃になります。80年前の真珠湾攻撃では、アメリカ政府は大日本帝国がハワイに奇襲を仕掛けることを知っていながら日本海軍の戦略を黙認し、いざハワイが奇襲されると当時のフランクリン・ルーズベルト大統領は日本海軍による攻撃は卑怯《ひきょう》だと非難し、宣戦布告をします。時代を21世紀に合わせると、今回の大統領選挙に外国が介入し、サイバー攻撃を仕掛けられることを知りながらあえて阻止せず黙認し、外国からの攻撃を受け入れたアメリカ政府はまさに21世紀の真珠湾攻撃を演出したのであり、士気を高めた愛国者たちは我が国を海外勢力から奪い返すというモードに突入しました。

私はてっきりトランプ大統領が不正選挙発覚後に、80年前のフランクリン・ルーズベルトのように非常事態を宣言し[*1]、大日本帝国の代わりに今回は中国共産党が悪役を演じる大戦に突入するのではないかと考えていました。なぜならば第二次世界大戦の相似象が見え隠れしていたからです。そして戦後に行われた国際軍事裁判である東京裁判の代わりに、ウイグル人、チベット人、モンゴル人といった人権侵害の問題を国際社会が中国共産党に問うのだろうとも考えていました。もちろん台湾が重要なポジションを演じれば、まさにミッドウェー海戦[*2]のタイムライン再来です。

このように令和の情勢が急展開するだろうという私の予想は大きく外れ、2020

＊1　**非常事態宣言**：有事（緊急事態）に際し、国家・地域の政府などが法令などに基づいて特殊な権限を発動するため、または注意を促すためにする布告・宣言。
＊2　**ミッドウェー海戦**：第二次世界大戦中の1942年ミッドウェー島付近で行われた海戦。アメリカ海軍が日本海軍を迎え撃つ形で発生した。

年米大統領選挙は外国による介入といった明らかな問題を抱えながらもトランプ大統領は選挙の不透明さを改善せず、静かにホワイトハウスを去りました。そして何事もなかったように２０２１年1月20日、ジョー・バイデンが第46代大統領に就任し、新政権が始まりました。しかしジョー・バイデンの大統領就任式のために集められた州軍の数、そしてホワイトハウスや議会議事堂、連邦最高裁判所といった建物をバリケードで囲み、大統領就任式が終わった後も州兵がワシントンD.C.に留まるという前代未聞の様子は、まるでワシントンD.C.が戦時中であるかのような異様さです。

　一番腑に落ちなかったことは、なぜトランプ大統領は2年前から準備していた非常事態宣言を行わなかったのだろうかということでした。一国のリーダーを決める大統領選挙に外国が大胆に介入したサイバー攻撃は現代版真珠湾攻撃であり、司法省が機能していなければトランプ大統領は不正選挙を証明する舞台を失ったことになります。連邦最高裁判所が不正選挙の審査を拒否した時、トランプ大統領はルーズベルト大統領のように非常事態を宣言し、そのまま戒厳令[*3]を布《し》いて外国からの侵略を防ぎ、国家

＊3　**戒厳令**：国家の非常事態に発令される市民の行動を制限する法令のうち、国統治権が一部・一時的に軍に移されるもの。

を維持するしか方法はなかったはずです。もちろん私だけでなく、大半の愛国者たちはそう思ったはずです。

しかし現実は違いました。2021年1月6日に起きた抗議者たちによる議事堂占拠事件以降、平和的に政権移行を行うそぶりを見せ始めたトランプ大統領に対し、私を含めたくさんの愛国者たちは困惑したはずです。外国に侵略されたことは明白だというのに、トランプ大統領は愛国者たちの期待に十分に応えず、静かに政権を終わらせ、ホワイトハウスを次期政権に明け渡したのです。

トランプ陣営側の作戦としては、2000年のジョージ・W・ブッシュ対アル・ゴアの米大統領選挙の時のように、選挙不正を連邦最高裁判所で判断させて勝利する計算だったのかもしれません。20年前は民主党のアル・ゴアが選挙結果をリードしていましたが、結果はご存じのように共和党のジョージ・W・ブッシュが勝利しました。

この時、私はニューヨークに住んでいましたが、フロリダ・チャド[*4]の滑稽さは20年た

＊4　**チャド**：投票用紙にパンチ式投票機で穴を開けたときに出る紙くずのこと。

った現在でも忘れられません。

２０００年の大統領選挙と今回の２０２０年大統領選挙は「迷走している」という点ではよく比較されますが、違う部分は今回の選挙では連邦最高裁判所が選挙に関わることを拒否したという部分です。これは20年前の事件と比較すると決定的な違いであり、今回連邦最高裁判所が機能しなかったことはトランプ陣営からして予想外だったはずです。今思えば連邦最高裁判所でテキサス州の訴訟[*5]が拒否された時に今回の選挙の流れが劇的に変わったように思います。

選挙の流れが変わるということは、米大統領をとりまく世界情勢も変わるはずです。つまり誰かがこの「第二次世界大戦の相似象」にストップをかけ、未来に起こる予定であった大戦を回避したのではないかと思います。今回の新型コロナウイルスによってアメリカ国内で亡くなられた人の数はすでに第二次世界大戦の戦死者数を超えています。振り返れば私たちはコロナパンデミックという形で第四次世界大戦をすでに戦

＊5　**テキサス州の訴訟**：QRコードよりご参照ください。（CNNニュースへリンク）

ったのかもしれません。ちなみに冷戦が第三次世界大戦であり、結果ソビエト連邦は消滅しています。

21世紀の戦争はもはや火器が主流ではなく、バイオ・サイバー戦争、そして情報戦争へと姿を変えつつあるようです。もちろん舞台は地上から宇宙までスペースは拡大しました。今回の大統領選挙の真相も注意深く観察しないと情報戦に踊らされて全貌が見えてきません。

本書の前半部分（第一章、第二章）は、2020年米大統領選挙の前半戦として2020年12月20日に行ったヒカルランド主催の「米国から生配信！　メディアが伝えない米大統領選挙の真相」ZOOMオンラインセミナーの内容が中心になっています。時間的にすでに過ぎ去った事象ですが、歴史的な2020年米大統領選挙のタイムラインの復習として楽しんでいただければ光栄です。また後半部分（第四章、第五章）では、2021年1月24日に行った二回目のヒカルランド主催のオンラインセミナーの内容からさらに大幅に加筆しています。

二回目のセミナーでは講義内容をアメリカ建国時まで遡ったため、セミナー参加者の方々は予期した内容とは違って驚かれたと思います。なぜならば通常のアメリカの歴史を覆す話だったからです。しかし今回の米大統領選挙の真相はまさにそこにあったのだと思います。そしてその真相が理解できれば、なぜ連邦最高裁判所が不正選挙の審査を拒否したのか、またなぜトランプ大統領がホワイトハウスを静かに明け渡したのか、さらに米軍が２０２０年12月中旬にワクチンを全国に分配しようとした理由まで、はっきりと理解することができると思います。

目次

第二章　アメリカを根本的に変えようとする勢力

第三章　2020年大統領選挙後半戦 ──シナリオ大変調の裏側

第四章 知られざるアメリカの歴史

表紙デザイン　重原 隆
校正　麦秋アートセンター
写真提供　共同通信社
本文仮名書体　蒼穹仮名（キャップス）

第一章

２０２０年大統領選挙前半戦
——本質は「情報戦」にあり

愛国者を裏切った連邦最高裁判所

いよいよトランプ大統領の任期も残り少なくなり、２０２１年1月20日に行われる次期大統領の就任式が近づいてきました。毎日大統領選挙の状況がコロコロ変わるので、今日私がお伝えすることも、明日になったら変わっている可能性があります。それぐらい新しい情報が毎日毎日入ってきます。ですから情報に追いつくのが非常に困難です。なぜそのようなことが起きているのかと言ったら、候補者両陣営の情報戦が毎日のように繰り広げられているからです。

現在の状況（２０２０年12月20日）ですが、連邦最高裁判所が機能していないことが発覚しました。12月7日にテキサス州が激戦州であるジョージア州、ミシガン州、ペンシルベニア州、ウィスコンシン州の選挙結果を不正選挙によるものとして連邦最高裁判所に提訴し受理されました。しかしテキサス州は訴訟を起こす立場にないとし、連邦最高裁判所の判事たちはこのテキサス州の訴訟を却下しました。愛国者たちは「最高裁判事は政治的に関わりたくない」とか「選挙不正の責任を取りたくない」と連邦最高裁判所の判事たちを考慮していましたが、しかし同時に嫌な予感も抱いたはずです。

本来ならば「選挙不正があった」と、これほどまで大々的に報道されたのなら弁護士たちが提訴する前に、まず真っ先にＦＢＩ（連邦捜査局）が捜査に乗り出さなければならないわけです。４年前の予備選でもバーニー・サンダース上院議員が「これは不正選挙だ！」と対抗馬のヒラリー・クリントン元国務長官に対して公言した時、残念ながらＦＢＩはサンダース上院議員の公言を無視しました。また民主党幹部もサンダース上院議員の主張を受け入れませんでした。結局、バーニー・サンダース上院議員は「お金」を受け取ることで選挙不正を解決してしまいましたが、あの時サンダース支持者たちはもっと民主党の不正行為を追究するべきだったと思います。ですから今回も選挙不正に関してＦＢＩが捜査に介入してこないことは想定内でした。

トランプ大統領の顧問弁護士であるルディ・ジュリアーニ前ニューヨーク市長は「まだまだ訴訟はたくさん残っている」と、国民を励まし法廷闘争を継続する姿勢を見せました。We the People という政治団体を代表するシドニー・パウエル弁護士やリン・ウッド弁護士も、テキサス州の訴訟が連邦裁判所で却下されたことを受けて緊急訴訟を起こしました。My Pillow 社のマイク・リンデル社長はトランプ大統領の友人ですが、彼も「私が個人的に起こした訴訟が残っている！」と言い放ち、自家用飛行機に乗り込む姿が報道されました。そしてそのような弁護士たちの姿を見て愛国者たちは「まだ戦いは終わっていない」と互いを励まし合いました。

しかし弁護士たちの視点から見れば連邦最高裁判所が機能していないことは明らかであり、彼らは判事たちの態度に対して密かに衝撃を受けたのではないかと思います。ですからルディ・ジュリアーニ弁護士やシドニー・パウエル弁護士がいくら訴訟を起こしても、今回の大統領選挙の結果を司法で解決する道はほぼ塞《ふさ》がれたといっても過言ではないでしょう。案の定、シドニー・パウエル弁護士の緊急訴訟は連邦最高裁判所で受理されたものの、審議は翌1月14日までお預け状態です。これで司法での解決の道は連邦最高裁判所の判事たちによって阻止されました。トランプ大統領も連邦最高裁判所判事たちには失望したとソーシャルメディアに書き込んでいます。まさに愛国者たちは連邦最高裁判所に裏切られたのです。

舞台は司法から立法へ

司法で解決する手段が途切れたため、いよいよ政治的に不正選挙を解決するように問題が持ち越されました。現在、選挙人の投票日である12月14日も過ぎましたので、州によっては重複して投票され、マイク・ペンス副大統領のもとに結果が送られたと思います。ペンス副大統領が投票結果を受け取る時に重複している州の結果を拒否し、再度各州議会で公式な選挙人による投票を提出するように州に圧力を加えることは可能かもしれません。しかし州議会で意見がまとまらない場合は、1月6日に行われる上下両院合同会議までに選挙人による再投票が間に合わない可能性があります。それならばマイク・ペンス副大統領は上下両院合同会議で重複した州の結果を数えず、両候補者は選挙人の過半数である２７０票を超えないとし、速やかに下院に投票させる方法が、トランプ陣営側として一番良い案ではないかと思います。なぜならば下院に委ねられたとき、代議員の数ではなく、一州一票の投票となるからです。民主党員は都市に集中しているため人口比によって党員の数が多いですが、アメリカを全体的に見ると共和党の州の方が多いのです。

もし上下両院合同会議でペンス副大統領が伝統に従った開票を行う場合、議員たちは開票結果に異議を申し立てることができます。この時、上下両院合同会議で異議を申し立てする議員は、下院議員と上院議員がセットとなって異議申し立ての準備を事前にしておく必要があります。共和党院内総務のミッチ・マコーネル上院議員は共和党員は異議を申し立てしないようにと呼びかけてますが、どうやら異議を申し立ててくれる共和党議員は数名いるようです。しかし異議申し立ての作戦が成功するという保証はありません。なぜならば異議申し立てが認められた場合、上院と下院に分かれて話し合いがなされますが、下院の過半数は民主党が占めています。また上院ではトランプ大統領に造反する共和党上院議員が数名いることは確かです。ですから異議申し立ては良い策だとは思えません。

大統領選挙の結果を決める1月6日の上下両院合同会議に気を取られていますが、その前日の1月5日にはジョージア州での上院選挙がまだ残っていて、上院二名が選出されます。しかもジョージア州ではかなりの規模の選挙不正があったにもかかわらず、それを改めないで上院選挙を行おうとしています。現在のバランスは共和党50対民主党48で、共和党としてはどうしても上院の議員数を落とせません。法案を上院で可決する時、半数に意見が割れた場合、最後の決め手となる一票を投じるのは副大統領です。ここで共和党が二議席を落とした場合、上院のバランスは50対50になり、カマラ・ハリスが副大統領に就任した場合、彼女が民主党側の法案に一票投じることができるからです。

既成事実を演出するメディア

外国が介入した選挙で国民の声を反映せずに不正選挙で無理やり選出されたジョー・バイデンの戦略は、たとえ不正行為としても「多数決」という民主主義の既成事実を演出するしかないのです。ジョー・バイデンの背後には主要メディア、ビッグテック[*6]企業が控えているので既成事実を作る面では非常に有利です。しかし不正選挙の規模があまりにも大きく、不正行為を隠し通すには少々無理があるかと思います。ジョー・バイデンが国民に支持されていないことをメディアは必死に隠さなければならず、保守層への言論統制はさらに醜《みにく》くなりつつあります。特に保守層に対するソーシャルメディアの検問と抑圧は、まるでジョージ・オーウェルの小説のように社会が全体主義的ディストピアに向かっているようにさえ感じます。

もちろん金融界もジョー・バイデンの背後にいるでしょうし、中国共産党の影もあ

＊6　**ビッグテック**：情報技術産業における最大かつ最も支配的な企業で、特にAmazon、アップル、Google、Facebook、マイクロソフトの5社を指す。

ります。２０２０年12月18日に、トランプ大統領は中国をはじめとする外国企業をアメリカの株式市場から追放することを可能にした法案に署名しています。ジョー・バイデンが大統領に就任した場合、このような法案は緩和されることでしょう。ですからアメリカの金融界や中国共産党からすればジョー・バイデンが大統領に就任される方が都合が良いはずです。また軍縮を求めるトランプ大統領に反対する軍産複合体[*7]、軍人上層部、諜報機関の人たちもバイデンの背後にいることでしょう。

そしてバラク・オバマ前大統領がジョー・バイデンの背後にいることが一番大きい影響力かと思います。オバマ前大統領は、あれだけ保証されたヒラリー・クリントンが当選出来なかった4年前の失敗の責任を償う必要があるのではないかと思います。オバマ前大統領はホワイトハウスを去る前に4億ドルを世界にばら撒いたそうですが、その送金ルートはウクライナからバチカン銀行に、そして世界中にいるグローバリストのメンバーたちに分配されたそうです。このお金は4年前にヒラリー・クリントンが当選できなかったために世界の支配層がオバマから回収した資金だったのではない

＊7　**軍産複合体**：戦争から経済的利益を得る民間企業と政府機関の結合体。

でしょうか。

支配層の誰もが予期しなかったヒラリー・クリントンの敗北。油断した彼らは保険をかけなかったため、ドナルド・トランプが大統領に就任すると、ヒラリー・クリントンの選挙対策本部長を務めたジョン・ポデスタらは敗北の理由の説明に追われました。ですからこの保険ポリシーを無事ジョー・バイデンに引き渡さない限り、オバマ政権の人間も安泰ではないのでしょう。もちろんジョー・バイデンはオバマ政権時代の副大統領であったのですから政権奪還に協力する責任があるのかもしれません。しかし彼らにとって一番の失敗は、トランプ政権の誕生をきっかけに少しずつ国民が政治に興味を持つようになったことだと思います。

ホワイトハウスの外から指揮するオバマ前大統領

オバマ前大統領の組織は「Organizing for Action（OFA）」という名称で、全米50州にオフィスを設置しています。このOFAはかなり規模の大きい組織であり、3万2千人以上の雇員を抱え、500万人以上のボランティアから成り立っています。本部は首都のワシントンD.C.とシカゴにあり、オバマ前大統領が未だにワシントンD.C.に住んでいる理由は大統領任期後も自分の政策的課題（アジェンダ）を草の根運動で推し進めることにあります。歴代の大統領の中で任期後もワシントンD.C.に留まっているのはバラク・オバマぐらいです。ジョージ・W・ブッシュはテキサス州に戻りましたし、ビル・クリントンもニューヨーク州に戻っています。

オバマ前大統領は、トランプ大統領が住むホワイトハウスから目と鼻の先に砦のような住居を構えて自分のアジェンダを推し進めているのです。そしてOFAではマルクス主義や社会主義思想をベースにした教育を人々に施し、そこで思想のトレーニングを受けた人材が全米に送り込まれ、社会主義思想の草の根運動を起こしているのです。もちろん暴動の手引きなども受けていることでしょう。最近の暴動は組織的であり、プロフェッショナルに先導されています。そしてこのようなOFAの卒業生がニユーヨーク市政府、フィラデルフィア市長やシカゴ市長のオフィス、民主党委員会、左派の政治活動組織、プランド・ペアレントフッド（全米家族計画連盟）、マイケルブルームバーグの銃規制団体、環境団体、マーク・ザッカーバーグの妻プリシラ・チャンの団体といった組織に送り込まれているようです。アメリカ国内でのマルクス主義の台頭は突然始まったのではなく、こうした草の根運動が長年かけて密かに行われているからです。

これらを総合するとトランプ大統領の敵は物凄い巨大な勢力になります。しかも一つの勢力ではなく、色々な角度から色々なものが混ざって国民に襲いかかっているのです。トランプ大統領のスローガンは「MAGA（アメリカをもう一度偉大に）」のほかにも「Drain the swamp（腐敗を一掃する）」というものもあります。トランプ大統領は「こんなにも腐敗した沼が深いとは思わなかったが、それでも一掃する」と言っています。トランプ政権期間中のロシアゲート疑惑[*8]から罷免へと政治的に発展させようとした工作など、トランプ大統領に対するクーデターはメディアの不公平さも含

＊8　**ロシアゲート疑惑**：QR コードよりご参照ください。（日経新聞へリンク）

め、醜いものがありました。ワシントンD.C.はもともと湿地ですから本当に腐敗した沼のようです。

繰り広げられる情報戦

今回の大統領選挙の本質はズバリ「情報戦」であり、そのために玉石混交の情報が散乱しています。これは情報戦ですからある意味サイバー戦争と言ってもいいでしょう。ソーシャルメディアでの盛り上がりを見れば、この大統領選挙の本質が情報戦であることが理解できると思います。毎日頻繁に変化する情勢に揺さぶられ、一喜一憂する人々。そこにはこの情報戦を仕掛ける両陣営の工作があるからです。

特にトランプ陣営側は連邦最高裁判所で選挙不正調査を拒否され身動きが取れない状況に陥ったため、トランプ支持者たちに残された戦略は情報戦を仕掛けるだけでした。トランプ大統領の背後にはサイバー戦士がいます。彼らがクラウドソーシングを使って情報戦を仕掛けています。主にソーシャルメディアで世論を操って、愛国者を団結させ、敵を煽って戦術を仕掛けています。現在ソーシャルメディアで情報が激しく飛び交っているのはこのためです。もちろんトランプ大統領もこの情報戦に参加しているようです。しかし正直に言えばこのトランプ支持者たちの仕掛ける情報戦によって軍が政治利用されているようにも若干感じられます。このことは軍の上層部の一部も警告を出しています。

大量の不正があったと主張するトランプ大統領。たしかに大量の不正があったことは事実です。しかしサイバー攻撃による不正を立証することは非常に難しいのです。洗練されたサイバー攻撃である場合、トランプ大統領がこの選挙を正面から戦うことはほぼ不可能であると思います。この洗練されたサイバー攻撃が選挙日に行われるという情報もトランプ陣営には事前に入っていたはずです。そこでまずサイバー攻撃によって選挙不正があったことを可視化する必要があります。郵便投票用紙の大げさな水増しはまさに問題の可視化につながるでしょう。

また選挙不正があったという不信感を国民の心に植え付ける必要もあります。もちろん不正行為はありました。しかも組織的な不正行為です。ただ不正を立証することが難しい場合もあります。特に電子投票機が外部からハッキングされ票が改ざんされていたといったサイバー攻撃の話などは、立証するのに専門知識が求められる場合もあります。私たちがいきなりアルゴリズムの話を聞かされても意味がわからないのと同じです。しかし国民が寝静まった時に怪しげな票が増えたといった話は国民に十分な不信感を募らせます。もちろんジョージア州では実際に夜中にテーブルの下からスーツケースを引っ張ってきて集計作業が行われていた場面は監視カメラにとらえられていました。要はこうした話を拡散させる必要があるのです。まさに情報戦なのです。

シドニー・パウエル弁護士がマイケル・フリン元陸軍中将と世論を指揮し活躍しているのも情報戦の一つです。シドニー・パウエル弁護士の「クラーケン（海の怪物）」発言はソーシャルメディアに大きく取り上げられました。クラーケンで有名になった第305軍事情報大隊が選挙不正調査のためにハッキングをしたようですが、この第305軍事情報大隊の上の部隊が第111軍事情報旅団であり、マイケル・フリン元陸軍中将が司令官として所属していた軍隊です。ですからクラーケンはマイケル・フリン元陸軍中将のお抱えハッカー集団を指していたのでしょう。

また今回の騒動で共和党の中にもたくさん裏切り者がいることが判明しました。現在、司法も立法も行政もだれもこの選挙不正の責任を負いたくないと背を向いている状況です。アメリカの自由と公平な選挙制度の崩壊という国家の危機に面してるのに誰もが責任逃れをしているのです。そしてこの大規模な不正選挙によって、国民が政府に対して不信感を抱きました。政府が国民に対して信用を無くせば、もう今までのようなシステムが機能しなくなります。彼らは4年後、同じように黙って政治家に投票するでしょうか？　彼らは「政治を国民の手に取り戻す」と言い出すことでしょう。新しい党が結成される可能性だってあります。

バイデン陣営が選挙不正の責任を取るまでトランプ支持者たちは手を緩めることなく情報戦を仕掛けて戦うでしょう。もちろん戒厳令の噂も情報戦の一つであると思います。選挙不正が起きることは想定内だったのですから20年前の相似象として連邦最高裁判所で不正選挙の判決を受け、スマートに解決したかったことと思います。これがトランプ陣営の作戦だったはずです。そのために両党からバッシングを受けながらも選挙前に亡くなられたルース・ギンズバーグ連邦控訴裁判事の後任として保守派のエイミー・バレット判事を指名し、選挙前ギリギリだったものの就任させました。保守派の判事で連邦最高裁判所を固めることによって来たる投票日後の裁判舞台のために人事を準備したはずです。しかしこのトランプ陣営の作戦は成功しませんでした。連邦最高裁判所での訴訟の失敗の理由は第四章以降で説明します。

第二章

アメリカを根本的に変えようとする勢力

ルビコン川を渡る時

２０２０年の６月に全米の都市で抗議デモが暴走し過激化していた時、トランプ大統領は必要なら「反乱法」*9を発令させ米軍を投入すると表明しました。しかしマーク・エスパー国防長官はデモへの鎮圧のために現役の軍兵力が投入されることに対し賛成しないと記者会見で述べます。結果、第82空挺《くうてい》師団は首都ワシントンD.C.に集められたものの、マーク・エスパー国防長官によって解散させられました。しかしホワイトハウスの要求から第82空挺師団は再度ワシントンD.C.に集結され、そして最終的にエスパー国防長官によって再度解散させられたという、リバースのリバースのリバースという失態を国民に見せた経験があります。この時に疑問視されたのが**誰が統帥権を持っているのか**ということでした。

英語で「ルビコン川を渡る」という言い回しがありますが、これは「後に引き返せ

＊9　**反乱法**：暴動の鎮圧などに連邦軍や州兵を動員できる法。

ない時点にさしかかった時」や「重大な決断をする」という意味で使います。トランプ大統領が今回の大統領選挙で外国が介入したとして非常事態を宣言する時、それはカエサルが禁を犯してローマに戻るためにルビコン川を渡った時のように、トランプ大統領も覚悟を決める時に差し掛かったようです。

この来たる戒厳令の発令の可能性のために、反乱法に賛成しなかったマーク・エスパー国防長官を解任し、陸軍特殊部隊グリーンベレー出身のクリストファー・ミラーを国防長官代行とし、彼を補佐する参謀としてカッシュ・パテルをペンタゴン[*10]に送り込み、国防総省をトランプ大統領に忠実な人材で固めました。さらに12月に密かに大統領令を発行し、万が一、クリストファー・ミラー国防長官代行が何らかの事情で国防長官としての仕事が出来ない場合は、国防副長官、または次官が臨時的に引き継ぎ、ミラー国防長官代行が復帰したらポジションを交代するように命令が出ています。ここで重要なことはマーク・ミリー統合参謀本部議長の名前がリストから排除されているという点です。

＊10　ペンタゴン：国防総省庁舎、あるいは、国防総省そのものを指す。国防総省の本庁舎は、五角形の形をしていることからペンタゴンと呼ばれている。陸軍省・海軍省・空軍省の三省を統括する省。

統合参謀本部議長とはアメリカ軍のトップで大統領の軍事顧問です。マーク・ミリー元陸軍大将はジョセフ・ダンフォード元海兵隊大将のあとに統合参謀本部議長として就任した人です。12月に入り、国防総省の中で大幅な人事異動が行われているため、マーク・ミリー統合参謀本部議長はトランプ政権最後の制服組軍人の古株としてペンタゴンの中で孤立している可能性があります。

些細な価値観の違いがあとで決定的な誤差として生じる恐れがあるので、ペンタゴンが大統領に忠実であるかは今後非常に重要なポイントになります。つまりトランプ政権はこの時、今後の計画に戒厳令も一つのオプションとして視野に入れていたと考えることができます。あとはいつ発令するのかです。そして発令したら一気に畳みかけるでしょうから、そのまま中国共産党との争いへと急展開する可能性があります。なぜならば発令した時、大統領が軍を一気に統帥するチャンスだからです。

この来たる日のためにトランプ大統領は海外に派遣されていた米軍兵士を軍縮という形で帰国させてきました。そしてもし非常事態を宣言したらもうあとには引き下がれません。真珠湾攻撃はアメリカが太平洋戦争に突入する入口でした。ですから大統領選挙もこれから起きる戦争の入口になるはずです。しかし最終的にトランプ大統領はルビコン川を渡りませんでした。

大統領選後の中東情勢

外国が選挙に介入したとしてトランプ政権はイラン問題を取り上げると思います。しかしトランプ政権はすでに「イスラエルの国家承認」という形でイランに圧力をかけています。アメリカは軍縮を始めているため、中東でのアメリカの覇権が縮小すると世界情勢は不安定になります。そこでアメリカの覇権が抜けた穴埋めをこれからイスラエルが補っていく可能性があります。アメリカの同盟国であるイスラエルに、中東とアフリカを護る役目を与えるのです。イスラエルは核保有国であり、世界でも有名な諜報機関もあります。もちろん軍事力もあります。

イラン国内ではアラブ諸国がイスラエルと国交正常化に至る中、アメリカからの厳しい制裁や、カセム・ソレイマニ司令官を殺害されたことも重なり、穏健派に対する反発が強まっています。2021年6月の選挙では強硬派に政権が移行する可能性もあります。またイスラエルでも来年（2021年）の11月に首相の座はベンヤミン・ネタニヤフからベニー・ガンツ元軍参謀総長に移行する予定です。ベニー・ガンツは中道派であり、パレスチナとの共存を望んでいます。

トランプ大統領が二期目を務めるのであれば大統領選後の中東情勢はこのように動いていくのではないかと思います。特にトランプ大統領の娘婿であるジャレッド・クシュナー上級顧問は熱心なシオニスト*11として有名です。ジョー・バイデンが大統領に就任した場合は軍縮とは真逆で、アメリカ中央軍が中東に軍事介入し続け、内戦が無意味に長引く可能性があるでしょう。

＊11　**シオニスト**：ユダヤ民族主義者。

カマラ・ハリスとブラック・ライブズ・マター

カマラ・ハリスはカリフォルニア州の司法長官を務めた後に政治に転向した、ジャマイカ系の父とインド人の母を持つカリフォルニア出身の上院議員です。彼女は当時のサンフランシスコ市長の愛人の座に就いたことで司法のキャリアをのし上がったという経歴があります。バイデン陣営は副大統領候補選びの際、全米に広がったブラック・ライブズ・マター[*12]の抗議デモが高まっていたため、有色人種の女性を副大統領候補に推すことによって、黒人の票を獲得する戦略を取りました。そのため有望視されていたミネソタ州出身のエイミー・クロブシャー上院議員はすぐに副大統領候補を辞退しました。

なかなかジョー・バイデンのランニング・メイトが決まりませんでしたが、8月11日にようやくカマラ・ハリス上院議員を副大統領候補に起用するとバイデン陣営は明

＊12　ブラック・ライブズ・マター（BLM）：人種差別抗議運動。

らかにしました。党の全国大会の月まで副大統領候補が決まらなかったのは、裏で壮絶な利権絡みの問題が発生していたからではないかと想像します。

カマラ・ハリスの両親とマルクス主義の関係、カマラ・ハリスとブラック・ライブズ・マターの創立者の一人との繋がり、そして彼女の夫、ダグ・エムホフと中国共産党とのビジネス関係がカマラ・ハリスを副大統領候補にのし上げたのでしょう。ダグ・エムホフはニューヨーク出身のユダヤ人で、DLA Piper という中国共産党員が抱える企業をたくさん顧客に持つ多国籍法律事務所の上級弁護士として勤務していました。

マルクス主義者が作り出した組織、ブラック・ライブズ・マターはジョー・バイデンが勝利した後、バイデン陣営に面会を申し込んでも連絡が来ないという声明を出しました。またジョー・バイデンと黒人公民権運動の活動家との面談で、黒人層の生活を改善するような具体的な話し合いが行われていない様子がソーシャルメディアでリークされ、政策が無い様子が会談のリーク内容から手に取るようにわかりました。

ブラック・ライブズ・マターはカマラ・ハリスの後任として、二人の黒人女性の名を挙げてカルフォルニア州知事のギャビン・ニューサムに圧力をかけていました。ブラック・ライブズ・マターが上院議員の候補者に挙げたのはバーバラ・リーとカレン・バスの2名ですが、彼女たちは何度もキューバに足を運ぶ根っからのマルクス主義者です。ギャビン・ニューサム州知事はブラック・ライブズ・マターの要請を無視し、カマラ・ハリス上院議員の辞任後にはメキシコ系のアレックス・パディーヤ州務長官を就任させると決定させました。この人事はブラック・ライブズ・マターからしたら計算外だったかもしれません。ちなみにニューサム州知事はナンシー・ペロシ下院議長の義理の甥にあたります。

バイデン政権は第三期オバマ政権

もしバイデン政権が誕生したら政策はオバマ政権まで逆戻りすることでしょう。また民主党にはロシア嫌いなネオコン[*13]が多いので、アメリカとロシアの関係の発展は望めないと思います。バイデン政権移行チームは閣僚人事を現在18名指名していますが、そのうちの12名はオバマ政権時代の政治家です。すでに民主党内の急進派であるアレクサンドリア・オカシオ＝コルテス下院議員は自分たちが掲げる政策を推し進めるような閣僚が任命されていないと不満を表しています。彼女は8月下旬に行われた民主党全国大会で、二分間しかスピーチの時間を割り当てられなかったことが不満であったのか、ジョー・バイデンが民主党の公式な立候補者と認めるための党全国大会で、「私は党の第二候補者であるバーニー・サンダースを応援します」と、明確にサンダース上院議員を推薦しました。また彼女のような若手の急進派は、サンダース上院議員をメンターとして尊敬しており、ナンシー・ペロシ下院議長や民主党の古株議員に

＊13　**ネオコン**：アメリカのユダヤ人知識人層から生まれた保守勢力の一つ。保守ともリベラルとも異なる。

向けて「民主党は若手を育てていない」と不満を述べています。

最近中国共産党と民主党の癒着が取り上げられていますが、ハニートラップにかかったカリフォルニア州の下院議員の例もあるように、中国共産党の力はかなり浸透しているようです。対中国共産党に強硬姿勢を見せるマイク・ポンペオ国務長官の代わりにオバマ政権二期目の国務副長官であったアントニー・ブリンケンをバイデン政権の国務長官に任命すれば、表向きには「対中国共産党強硬姿勢」を唱えていても、実際の外交はすべてオバマ政権時代に戻ってしまう可能性があります。また米軍の対外的役割は必要であるとして、米軍の海外派遣は拡大することでしょう。そうなるとまた世界中で紛争が起きることになります。

またバイデン政権は宇宙開発よりも環境問題に予算をつぎ込むようですから、アメリカの宇宙開発は中国に追いつかれる可能性があります。12月22日付のロイターの記事によると、バイデンの顧問らはアメリカは宇宙開発分野で中国と協力することが重要だとの考えを示したようですが、バイデン政権では宇宙開発の予算は明らかに縮小されるため、中国と共同で開発せざるを得なくなるということでしょう。そうなれば中国にアメリカの軍事情報をすべて明け渡すことになり、これからのサイバー戦争は中国が覇権《はけん》を握る可能性があります。

また社会主義の台頭により、ＩＴ企業やその他大企業に支配される経済体制が出来上がるでしょう。彼らが「グレートリセット」を必要としているのは、この飽和した世界を彼らのやり方で乗り越えようとしているからです。このままグローバル化が進めば企業が生き残るためにトラスト化を始め、労働者が正規と非正規に振り分けられれば中流階級は低所得階級に落ち、大企業が国家の枠を超えて支配層に君臨します。

内政では連邦控訴裁判事の数を増やし、民主党の政策に有利に法案を通そうとしています。特に現在連邦最高裁判所のテーブルの上で保留されている医療保険改革であるオバマケアの復活です。この医療保険改革はオバマ前大統領のアジェンダであるため、バイデン政権はオバマケアの実現を強行することを強いられることでしょう。

また民主党はプエルトリコとワシントンD.C.を州に格上げしようとしています。この法案はすでに下院では可決しています。もしこの二つの地域を州に格上げする場合、民主党は合計4名の上院議員を獲得することになります。こうなると鬼に金棒、弁慶に薙刀《なぎなた》です。アメリカのどこかで黒人が白人に銃で撃たれるような事件を大々的に全国に報道すれば、そのまま修正案第二条である武装権[*14]に圧力をかけ、国民から銃を取り上げようとするでしょう。国民の武装権が侵された時、いよいよアメリカ合衆国が南北戦争の時のように物理的に分裂する恐れがあります。

ディープステイトによるクーデター

アメリカが分裂する恐れがあるということは、逆にアメリカを分裂させたい勢力がいるということです。このアメリカを分裂させたい勢力がバイデンの背後にいるわけ

＊14　**武装権**：銃をはじめとした武器を保持・携帯しそれらで武装する権利。

ですが、一体どのような勢力がアメリカを分裂させるためにある種の「クーデター」を仕掛けたのでしょうか？

「クーデター」とは一般的に少数派が武力による奇襲攻撃によって政権を奪取することですが、２０１６年にドナルド・トランプが当選した直後から、ディープステイトによるトランプ大統領へのクーデターは始まっていたのです。

以前のアメリカ人だったら「クーデター」という言葉はどこかの独裁者が支配する国の政治情勢を連想させるために、そのような単語を使用することを無意識に避けていました。彼らからしてみれば、まさか自由の国、アメリカでクーデターが起きようなど考えられなかったことでしょう。しかし最近では「クーデター」という単語を恐れもせずアメリカ人は頻繁に使うようになりました。

アメリカは各50州が独立していて各州に州法があり、州兵も持っていて、州の最高裁判所もあります。その50州を連邦憲法で束ねてアメリカ合衆国があります。なので憲法を攻撃されると50州が分裂してバラバラになってしまう恐れがあります。特に権利章典は連邦政府によって国民の権利が侵害されないように国民を保護しています。今回の選挙で国民が一所懸命に星条旗を掲げてトランプ大統領を支持している理由は、この権利章典を守る気持ちが強いからです。

この連邦憲法を拡大解釈、または違反して「大きな政府」を構築しようとする者たちを「ディープステイト」とアメリカ人は呼んでいます。それはアメリカ人が「大きな政府」を常に警戒しているからです。この「大きな政府」の話が国民の間で再浮上したのはオバマ政権時代に政府が国民を監視しているという話が出た時です。いわゆるオバマゲートです。

しかし実際に政府による権力拡大が始まったのはオバマ政権以前からであり、きっかけはアメリカ同時多発テロ事件です。この同時多発テロ事件を理由に当時のブッシュ政権は内政をどんどんと改正していきました。特に大きく内政を変えた部分は国家安全保障省を作ったことです。また連邦緊急事態管理庁（FEMA）やシークレットサービス、移民・税関執行局などを含むいくつかの部署をこの省の下に配置させました。もちろんディープステイトとは憲法を無視して国家を超えるわけですからグローバリズムとも呼べます。

票を改ざんするスーパーコンピューターシステム

独立系ジャーナリストのメアリー・ファニングとアレン・ジョーンズによれば、スコアカードと呼ばれるソフトウェアと諜報活動としての監視技術〝ハンマー〟というスーパーコンピューターシステムが今回の2020年大統領選挙でも使用され、電子票の改ざんを行ったようです。このような高度なコンピューターシステムを開発したのは、政府のアルファベット諜報機関[*15]のアウトソーシング業者だったデニス・モンゴメリーという天才プログラマーです。

*15　**アルファベット諜報機関**：中央情報局（CIA）、連邦捜査局（FBI）、国家公安部（NSB）、国防情報局（DIA）、国家安全保障局（NSA）、国家地球空間情報局（NGA）など、主に3つのアルファベットの頭文字を合わせて呼んでいる機関。

デニス・モンゴメリー氏はその天才的なプログラミング能力を買われてCIA、FBI、NSA、ペンタゴンと契約し、9・11の教訓を踏まえ、以後「アメリカを守る」という目的で諜報プログラムを開発しました。リタイアした軍事関係者によると、このハンマーはウルトラ級の監視ツールで、アメリカはこのツールを使ってテロリストや外国の敵対勢力に対して諜報活動を行っていたようです。もちろん外国の選挙にも介入していたことでしょう。そしてこの強力な諜報ツールがブッシュ政権からオバマ政権に受け継がれました。

オバマ政権が誕生するとジョン・ブレナンCIA長官とジェームズ・クラッパー国家情報長官はこの外国監視プログラムを勝手にアメリカ国民に対して利用し始めました。このスーパーコンピューターシステムにさらに予算をかけて機能を拡大し、ネバダ州からメリーランド州フォート・ワシントンにある秘密のCIA施設に移動させ、アメリカ市民を盗聴し情報収集しはじめました。CIAがアメリカ国内で外国情報監視法（ＦＩＳＡ）の令状なしに市民を監視するのは違法です。ちなみにこのメリーランド州フォート・ワシントンにある秘密のＣＩＡ施設は表向きには海軍の研究施設または連邦通信サイトとなっていたようですが、実際はＣＩＡが運営し、外国大使館の盗聴や盗聴装置を開発していたようです。

この国内監視ツールに変換させた監視プログラムでジョン・ブレナンＣＩＡ長官とジェームズ・クラッパー国家情報長官はドナルド・トランプと彼の家族メンバー、彼の企業、トランプタワーなどを無数に盗聴したようです。もちろんマイケル・フリン元陸軍中将、ルディ・ジュリアーニ前ニューヨーク市長、ジョン・ロバーツ最高裁長官、故アントニン・スカリア判事、裁判官、ＦＩＳＡ裁判所裁判長、議員、ウォール街幹部なども盗聴対象であり、こうしてディープステイトが敵勢力とみなしたアメリカ人を不正に盗聴し、電話、電子メール、銀行口座などの情報収集をしていたようです。するとオバマ前大統領がトランプ大統領を盗聴したという２０１７年のトランプ大統領の主張は正しいことになります。トランプ大統領がジョン・ブレナンを含む元高官6人の機密アクセス権のはく奪を検討しているのもうなずけます。

スーパーコンピューターシステムの設計者であるデニス・モンゴメリー氏は、ジョン・ブレナンCIA長官とジェームズ・クラッパー国家情報長官が国内のアメリカ市民を盗聴するために違法に監視プログラムを使用したことを告発した勇気のある人物です。彼は2013年に内部告発者となることを決め、2015年にFBIに莫大なデータを提出しました。対象者のグーグル検索の内容まで情報収集に含まれていたそうです。それはいつか収集した情報がレバレッジとして働くからだということですが、なんとも驚きの情報収集量です。

またデニス・モンゴメリー氏によると、政府は児童ポルノや国家機密ファイルなどを標的のコンピューターに植え付け、それを恐喝のネタにして裁判を有利に動かしたりもしているそうです。そう考えるとジョー・バイデンの息子であるハンター・バイデンの児童ポルノネタは、RICO法[*16]に引っかかるバイデンファミリーの不法行為を

＊16　RICO法：組織犯罪規制法。

隠蔽するためのディープステイトによる陽動作戦だったのではないかと思います。観衆はあの「地獄からのラップトップ」にすっかり夢中になり、おかげで刑事法に引っかかる本質であったバイデンファミリーの犯罪行為は見事に選挙前に消えてしまいました。またルディ・ジュリアーニ弁護士もこのハンター・バイデンの件に関しては不完全燃焼で深追いしていません。

2015年8月にFBIはデニス・モンゴメリー氏に免責条項として彼から47台のハードドライブを取得し、検証することでジョン・ブレナンCIA長官とジェームズ・クラッパー国家情報長官が違法にドナルド・トランプの情報収集をしていたことが証明され、デニス・モンゴメリー氏はジェームズ・コミーFBI長官から免責[*17]を与えられました。ただしこのハードドライブはジェームズ・コミーFBI長官によって埋葬されることになります。数か月後、デニス・モンゴメリー氏はFBI本部にある機密情報隔離施設で証言をし、さらなる免責を与えられました。そして2017年にトランプ政権が誕生すると、3月4日にはトランプ大統領がツイッターで「オバマ前

*17　**免責**：負うべき責任を問わずに許すこと。

大統領がトランプタワーを盗聴した」と非難し、そのあとすぐの3月7日にウィキリークス[*18]がCIAのハンマーの存在をリークしました。この時点でようやく今まで秘密にされてきたハンマーの存在が世間に広まることになります。

ウィキリークスによって監視プログラムハンマーがリークされると、3月19日にデイヴ・ジェンダ博士のインターネットラジオ番組でトーマス・マキナニー元空軍中将がゲストに呼ばれ、ハンマーの存在をさらに暴露しました。このデイヴ・ジェンダ博士はレーガン政権時代にホワイトハウスに出入りしていた人物であり、今でも独特のネットワークで彼のもとに情報が下りてくるのでしょう。トーマス・マキナニー元空軍中将のラジオ出演にディープステイトたちは動揺したのか、その17時間後にジェームズ・コミーFBI長官はトランプ政権に圧力をかけるために「ロシア疑惑」の調査をすると公表しました。FBIはハンマーの存在を隠蔽するためにロシアゲートをでっち上げたのです。デニス・モンゴメリーがこのハンマーを開発していた頃のFBI長官はロバート・ミュラーであり、後にロシア調査特別顧問に指名されることになり

＊18　**ウィキリークス**：政府や企業の内部告発や機密情報を公開するサイト。創始者は元ハッカーのジュリアン・アサンジ。

ます。

このようにどさくさに紛れてブッシュ政権で開発された対テロリストプログラムがオバマ政権で国内用としてバージョンアップされ、付属アプリケーションとしてスコアカードというソフトウェアが含まれ、このスコアカードがハンマーと連動して作動することで電子的に回収された投票の3％の改ざんが可能だとトーマス・マキナニー元空軍中将は証言しています。全米で電子投票や集計に使用されたドミニオン社製のシステムに欠陥があると指摘されたのはこのためでしょう。トランプ大統領が11月4日の時点ですでに「票が魔法のように消える」と演説したのはこのスーパーコンピューターシステムの存在を知っていたからではないでしょうか。

アメリカを分断させないために

少し前からアメリカ国内で「アメリカを根本的に変えよう」というフレーズをどこ

からともなく聞くようになりました。そしてその「アメリカを根本的に変える」と頻繁に言い出し始めたのがバラク・オバマ前大統領です。

２００８年の大統領選挙でのオバマのスローガンは「チェンジ」でした。あの頃、アメリカ人たちはブッシュ政権による中東への介入の泥沼化に嫌気がさしており、オバマの「チェンジ」に素直に心が惹かれました。しかしオバマの「チェンジ」は政策のチェンジではなく、国家の在り方を根本的にチェンジするという意図があったことには当時の国民は全く気づいていませんでした。ちなみにオバマ前大統領が使用した１×２・２５サイズの国旗はどこにも登録されていないものです。

長い間、国民は政治に希望を持てず、無関心でいたためにディープステイトの役者たちによって好きなように国を運営され、危うく国が滅ぶところまできてようやく目が覚めたようです。国民が政治に無関心であると国が滅びるのです。今回の不正選挙に関して共和党が積極的に動かない様子を国民たちは目のあたりにして共和党に裏切られた気分を味わっており、苛立ちを隠せません。今後アメリカの党は再編成される べきだと考える人たちも多いです。二党政権は互いが矛盾し、分断のもとになるから です。果たして愛国者を求心力とした第三の政党が近い将来に編成されるのでしょう か？

第三章

2020年大統領選挙後半戦
—シナリオ大変調の裏側

戒厳令を否定したトランプ大統領

トランプ大統領は正式な敗北宣言を行わなかったため、大統領が次期大統領をホワイトハウスに招待するといった平和的な政権移行の習慣も最後まで見られませんでした。2020年12月17日にクリストファー・ミラー国防長官代行はバイデン政権移行チームに「ホリデーシーズンで忙しく、国防総省からのブリーフィング[*19]を一時期中断する」と伝えました。これにはバイデン移行チームも反論しましたが、ホリデーシーズンが終わるまで国防総省からのブリーフィングはお預けになった状態です。

このようにミラー国防長官代行がバイデン政権移行チームへのブリーフィングを拒否するといった不可解な状況や、二年前に署名された米国の選挙を外国による介入から守るための大統領令や、ウィリアム・バー司法長官の辞任、さらに戒厳令に反対しているマーク・ミリー統合参謀本部議長が国防長官の後継順位からはじき出された事

＊19　**ブリーフィング**：内部的な情報共有。プロジェクト状況の要旨や要点をまとめた手短な報告。

情を合わせても、あの時、いよいよ何かが始まるのではないかという予感がしました。

しかし12月中旬に戒厳令の可能性をニューヨーク・タイムズ社に報道された時、愛国者たちの期待とは裏腹にトランプ大統領は戒厳令の可能性をすぐさま否定しました。もちろん主要メディアに戒厳令の可能性を報道されたことで「トランプが戒厳令を発令してまで勝ちたい」とネガティブに世論を誘導されましたが、戒厳令は本来突然発令するもので、計画して行うものではないのも確かです。

戒厳令の話はリタイアした軍人たちがアイディアの正当性を広めていたこともあり、愛国者たちの間では広まっていたので、もし戒厳令が発令されても国民は割とすんなり受け入れたのではないかと思います。第一に新型コロナパンデミックによって国民は都市閉鎖といった規制を強いられた生活をしていたため、戒厳が布かれたとしても生活に変化はないと考えていました。それよりも戒厳令が発令されればブラック・ライブズ・マターやアンティファ[20]が都市で暴れることができなくて一石二鳥だとも考え

＊20　**アンティファ**：反ファシストを意味する。急進左派活動家ネットワーク。

ていたと思います。愛国者たちは安心して集会を開いて平和的なデモを開催できるし、夜道に武装集団に襲われる心配もありません。流通がストップすることもないでしょうから国民は買いだめする必要もありません。

もちろん戒厳令を発令する場合、全米ではなく現在治安に問題のある都市やワシントンD．C．市内に限定されたと思います。戒厳令が発令されたら政府機関は停止するので州知事や州務長官は権限がなくなります。警察も動けなくなります。そして軍のコントロール下で激戦州での投票の再集計が行われれば、ドミニオン社製の投票機械は没収され、軍の情報部門に検査の対象として送られることになったことでしょう。しかしすでに国民の知らぬ間に戒厳令が布かれている場合はどうでしょうか？　そうなると考察も状況もかなり変わってきます。後の章で述べますが、これはアメリカの国家安全保障の最大の秘密なのです。

不発に終わった1月6日の抗議デモ

12月23日に新しくジェフリー・ローゼンが司法長官代行へ就任し、同日にマイク・ペンス副大統領のもとに各州の選挙人による投票と州務長官による選挙結果の確定証明書が送られ無事受理されました。またペンス副大統領が裏切るという人々を混乱させる情報戦もソーシャルメディアでは飛び交っていました。

このころ2021年1月6日にワシントンD.C.で大規模な愛国者たちによる抗議デモを行おうとソーシャルメディアで呼びかけた人がいました。この呼びかけが瞬く間に広がり、1月6日に議事堂前で愛国者たちによる抗議デモが計画され、トランプ大統領も自らソーシャルメディアでこのデモ集会をパーティーと称し、ワイルドになる！　と書き込みました。私はてっきりトランプ大統領が反撃に出て、1969年にワシントンD.C.で行われた国民による歴史的な反戦デモの再現を計画していると思いました。このような大規模な国民による抗議デモを見せられれば、政府機関にも圧力がかかるだろうし、海外からも注目を浴びると思ったからです。しかし実際の1月6日の抗議デモは大きく目的を外すことになります。

2021年1月3日に第117議会が始まり、共和党のケビン・マッカーシー下院議員と接戦だったものの、結局下院議長のポストにナンシー・ペロシ下院議員が再当選しました。驚いたことは次期副大統領のはずのカマラ・ハリスが議会に出席していたことです。彼女はこの時まだ正式に上院議員を辞していませんでした。

1月4日にトランプ大統領とペンス副大統領は別々のジョージア州の地で1月5日の上院選挙に投票するように愛国者たちに呼びかけました。リン・ウッド弁護士による「投票しても意味がない」というソーシャルメディアでの呼びかけに対抗するものであったのではないかと思います。しかし選挙の不透明さを改善せずに選挙を行えば、不正行為が行われるのは目に見えていました。結局、上院は民主党員が2席獲得することになります。

私はこのころからトランプ大統領の行動に少し疑問を持ち始めました。何か行動を起こすのならばジョージア州の上院選挙前にするべきであったと思います。証拠がそろうまで、役者がそろうまで、ベストタイミングを見計らうまで、と引き延ばしていたらこのまま1月20日のジョー・バイデンの大統領就任式を迎えてしまうからです。一体いつになったらトランプ大統領は行動を起こすのでしょうか。ジョー・バイデンがたとえ不正選挙で勝とうが、就任式を行ってしまえば、やってしまった者の勝ちで、トランプ大統領が就任式以降に結果をひっくり返すことは不可能です。

そして1月6日の朝にマイク・ペンス副大統領が憲法に沿って伝統通りに両院合同会議で開票をすると表明を出しました。この時にペンス副大統領は愛国者たちから「やっぱり裏切り者だ」とレッテルを貼られましたが、今改めて考えれば副大統領に選挙結果をひっくり返すほどの権限はなかったように思います。もしそのような権限が副大統領にあれば、これからは現役の副大統領が選挙手順を無視して次期大統領を決めるようになるでしょう。

また結果をひっくり返してトランプ政権の継続を維持した場合、二期目が始まって真っ先にトランプ大統領とペンス副大統領が議会によって弾劾裁判[*21]にかけられることは火を見るより明らかで、両院とも民主党が過半数を得たバランスではトランプ大統領もペンス副大統領も政権が始まった直後から危ない橋を渡ることになります。トランプ大統領はツイッターで「ペンス副大統領は勇気を出すべきだ」と述べていましたが、そのようなことをツイートするということは陽動作戦だったのか、それとも真相をつかめていなかったのか、今でもあの時のトランプ大統領の意図は不明のままです。そんな国民の不安の中、ペンス副大統領を上院議長に、いよいよ第117両党合同会議が始まりました。

1月6日の抗議集会に集まった愛国者はものすごい数だったようですが、ワシント

＊21 **弾劾裁判**：議会が大統領、副大統領を罷免する（辞めさせる）裁判。

ンD.C.市長が嫌がらせで市内のホテルやレストランを閉鎖させたので、彼らは寒い中不便を強いられたようです。午前中からホワイトハウス前でトランプ陣営のスピーチが行われ、熱気に包まれていました。トランプ大統領が演説に現れたのは予定よりも一時間も遅れたようですが、演説は正午ごろに始まり、午後1時には終了したのでホワイトハウス前に集まった人々が議事堂に押しかけた時にはすでに議事堂に一部の人々が乱入し占拠された後であったようです。

この議事堂前の抗議デモはクリスマスごろからソーシャルメディアを利用してオープンに計画されていたため、アンティファやブラック・ライブズ・マターも抗議デモの乗っ取り計画を準備する期間が2週間もありました。後日のソーシャルメディアの様子からワシントンD.C.の警察官数名が抗議者たちのためにセキュリティゲートを開けて議事堂に呼び込んだ動画も出回っています。

議事堂で両党合同会議が始まり、ペンス副大統領が開票を始め、アリゾナ州での選挙結果に異議申し立てが成立し、上院と下院が分かれて議論が始まって少し経ったころに議事堂へのセキュリティが突破され、一部の抗議者たちが議事堂に侵入しました。テレビやネットでのライブストリーミングはすべて中継され、私たちはソーシャルメディアに上がってくる情報を頼りにするしか術がありませんでした。

議事堂のセキュリティを突破された事件は衝撃的でしたが、愛国者たちの中にはペンス副大統領の開票を阻止するために議事堂の焼き討ちをするぐらいの勢いがあった人たちもいたことは確かです。司法が機能せず、FBIも選挙不正の調査に乗り出さず、トランプ大統領は非常事態の宣言を渋り、ペンス副大統領が民主党優位の合同会議で伝統的に開票をすると宣言した以上、バイデン次期大統領承認を阻止する残された道は、国民が物理的に1月6日の議会の邪魔をし、承認阻止するしかありませんでした。

しかしそんなことが許されるはずがありません。議事堂のセキュリティが突破され、議員たちが安全な場所に移動した後、トランプ大統領はソーシャルメディアで抗議に集まった人たちに向かって「今は平和的に家に帰るように」と愛国者たちに呼びかけました。このビデオメッセージを見てトランプ大統領に対して幻滅した愛国者たちも数多くいます。なぜならばコロナ規制で仕事を失い生活が大変な人々がいる中で、愛国者たちを1月6日の議事堂抗議にワシントンD.C.に集まるように呼んだのはトランプ大統領であったはずなのに、いざ出陣となったとき、トランプ大統領は愛国者たちと一緒に議事堂に行進せず、あとに議事堂が占拠され、抗議デモが破壊的になった矢先、彼らに向かって真っ先に家に帰るように指示したからです。これはたくさんの愛国者たちの気持ちを踏みにじる行為であり、1月6日を機に現実的な保守層の国民たちは、このまま何も起きずに政権はジョー・バイデンに引き継がれるだろうと確信しました。

この議事堂占拠事件によって異議申し立てを行う予定だった12名の共和党上院議員は6名に減り、両院合同会議は数時間後に議事堂で再開し、翌日の朝3時半ごろに無事開票が終了しました。こうして議会はジョー・バイデンとカマラ・ハリスを正式に次期大統領と次期副大統領に承認しました。7日にホワイトハウスから放送されたトランプ大統領のビデオ演説はさらに曖昧な内容であり、はっきりとした敗北宣言ではないものの、「新しい政権」と発言したことで、主要メディアからはすでにトランプ大統領は敗北宣言を行ったと報道されました。また若干弱々しさも感じられた演説だったため、一部のトランプ大統領支持者たちからも敗北宣言だとみなされています。

この日からトランプ大統領のソーシャルメディアのアカウントが閉鎖に追い込まれ、ビッグテックによる露骨な保守派層への思想統制が本格化しました。この時にトランプ大統領支持者たちはソーシャルメディアの統制だけでなく、社会からも保守派狩りが始まるのではないかと危惧されました。まさにジョージ・オーウェルの小説の世界[*22]です。

二度目の弾劾決議

*22 **ジョージ・オーウェルの小説の世界**：タイトル『1984年』。1949年英国で刊行。全体主義国家によって分割統治された近未来世界の恐怖を描く。

絶望的な1月6日の議事堂占拠事件から一週間後、民主党議員たちはトランプ大統領を二回目の弾劾裁判にかけようと緊急で決議を可決させました。政権が終了するまで一週間しか残されていないのに民主党はトランプ大統領に対してものすごい圧力をかけてきています。彼らが弾劾決議を可決させた理由は「トランプ大統領が大統領選の選挙人投票の集計で結果を覆すことを目的に支持者を議会に行進するよう扇動し、弾劾に値する罪を犯した」という主張でした。

しかしマイク・ペンス副大統領は民主党議員の期待に応えず、任期終了前にトランプ大統領を引きずり下ろすことに反対しました。この決議案はたとえ共和党上院議員が数名造反したとしても過半数を超えない可能性が高いので成立しないシナリオになるのではないかと思います。

C－SPANで議会を中継していましたが議事堂の中はガラガラでした。またナンシー・ペロシ下院議長の姿も見えませんでした。どうやら議事堂に乱入した際に、ナンシー・ペロシ下院議長のラップトップなど数台が盗まれたことが発覚し、彼女は慌てふためいたようです。彼女はあまりにも取り乱したため、マーク・ミリー統合参謀本部議長に連絡し、トランプ大統領から核のボタンを取り上げるように国防総省に乗り込んでいったようですが、軍から見ればこれはナンシー・ペロシ下院議長による現政権に対する明らかなクーデターであり、トランプ大統領に残された政権期間は数日とはいえ、このような彼女の軽率な行為は国家に対する反逆行為に値します。そのようなセキュリティ問題から彼女は事情聴取を受けたのでしょう。しかし軽率であっただけで彼女の行為にそこまで深い意味はなかったはずですから、そのまま彼女は釈放されたことと思います。

下院がトランプ大統領に対する弾劾決議案を可決した後に、FBIは1月6日に起きた議事堂での暴力的な出来事は事前に仕組まれていたと発表しました。さらにアンティファもブラック・ライブズ・マターも愛国者たちに紛れて扇動し、議事堂に乱入したことが証明され、一部の人たちは逮捕されました。またワシントンD.C.の警察や議事堂のセキュリティは事前にそのような人々が乱入する情報を得ていました。こういうこともこれから証明されていくと思いますが、ワシントンD.C.の警察や議事堂のセキュリティは下院議長や上院総務たちに事前にセキュリティ情報をブリーフしているはずです。彼らが議事堂乱入計画を知らなかったとは考えられません。

グリーン・ゾーン化したワシントンD.C.

1月20日の就任式を控えてワシントンD.C.は異様な雰囲気に包まれました。ワシントンD.C.に集結した州兵は2万5千人以上。その数はアフガニスタン駐留米軍の数よりも断然多いのです。ワシントンD.C.(コロンビア特別区)は68・3平方マイル(177平方km)程度の市域です。なぜバイデンの大統領就任式にここまでのセキュリティが必要なのでしょうか。しかしバイデン政権移行チームや民主党は1月6日の議事堂占拠事件を言い訳にし、就任式のために一部の敷地をロックインしワシントンD.C.のグリーン・ゾーン化[*23]を進めています。

＊23　グリーン・ゾーン：イラクの首都バグダッドの中心部に位置する10平方キロメートル（4平方マイル）の旧米軍管理領域の名称。

連邦議会議事堂やホワイトハウス周辺にバリケードが築かれ有刺鉄線まで取り付けられている光景は異常としか思えません。そして1月18日になってようやくカマラ・ハリスが上院議員を正式に辞しました。次期副大統領が就任式2日前に現役のポストを辞任するなど前代未聞です。

そして19日にはファーストレディのメラニア夫人から国民への感謝の演説があり、同日夜にはトランプ大統領から国民への演説がありました。演説の内容はやはり正確には敗北宣言とは言えない内容でしたが、最後にトランプ大統領が100名を超える人たちに恩赦《おんしゃ》を与えたところを見ると、トランプ政権が終了することは確実でした。

クリストファー・ミラー国防長官代行は早く任務から解放されたがっていたようですが、トランプ政権最後の数日間でNSAの長官にトランプ大統領に忠実な人材であるマイケル・エリスを緊急に上級弁護士として導入するように命じました。ナンシー・ペロシ下院議長は「マイケル・エリスはＮＳＡの責任者の一員になる資格はない」と抗議しています。また先月12月にミラー国防長官代行は防衛産業委員会に加わる新しいメンバーを発表し、コーリー・ルワンドウスキーやデビッド・ボッシーといった２０１６年大統領選のトランプ陣営元幹部を加えました。防衛産業委員会は国防総省内にある機関ですが、国防長官や国防副長官、また国防総省内の上層部に武器輸出などといった経営管理に関する助言を提供する独立した委員会です。このような人事はバイデン政権に移行すればすべて解雇されるであろう人事です。なぜ政権最後になってこのような部署にトランプ大統領の人材を派遣させたのでしょうか？

たぶん大統領の任期が終了し、トランプ大統領が一般市民に戻る前に自分の息がかかった人材を国防総省やＮＳＡに送り込んで政府の機密情報にアクセスさせるためであったのではないかと思います。中途半端に腐敗を一掃したトランプ大統領は今後、自分の身を守るディフェンスラインを作る必要があるかと思います。

1月20日朝8時過ぎ、トランプ大統領夫妻はマリンワン[*24]に乗りホワイトハウスを後にしました。そしてメリーランド州にあるアンドリューズ空軍基地からお別れの演説をしました。トランプ大統領の子供たちが涙をこらえている姿が印象的でした。国民から絶対的な支持を得たというのに政権を去らなくてはならない父親の姿を見るのは不憫《ふびん》であったことと思います。トランプ大統領とご家族を乗せたエアフォースワン[*25]はアンドリューズ空軍基地からフロリダ州パルムビーチへ到着しました。フロリダ州で国民に快く迎えられた彼らは無人化したワシントンD.C.で就任式を行っている最中のバイデン大統領とは全く対照的です。結局、トランプ大統領は最後までジョー・バイデンとカマラ・ハリスを祝賀しませんでした。またトランプ大統領はバイデンの大統領就任式にも出席しませんでした。平和的政権移行プロセスの伝統をすべて破ったトランプ大統領ですが、これはドナルド・トランプの性格なのでしょうか？

ジョー・バイデン次期大統領とご家族がワシントンD.C.入りする際に、政府の専用機の利用を拒否されたという前代未聞の出来事や、カマラ・ハリス副大統領がリノ

＊24　**マリンワン**：アメリカ海兵隊が運用する政府専用輸送機で、米大統領の短距離移動機。ヘリコプター型。
＊25　**エアフォースワン**：米大統領が搭乗する政府専用機。旅客機型。

ベーション工事を理由にいまだに副大統領公邸に入居していない様子を見ると何やら事情があるように思えます。また国防総省が今でも（２０２１年3月現在）バイデン政権と情報を共有していないという事実も政権にとって致命的であると思います。静かにホワイトハウスを去ったトランプ大統領。あの時ワシントンD.C.で一体何が起きていたのでしょうか？

見えてきた！　アメリカの歴史的真相

２０２１年1月24日のヒカルランドオンラインセミナーを数日後に控えて私は頭を悩ませることになりました。なぜならどう考えてもスムーズに政権が移行したとは思えないからです。確かにトランプ夫妻はワシントンD.C.を去りました。しかしジョー・バイデンの大統領就任式が終わったというのに相変わらず州兵はワシントンD.C.に待機しています。情報によるとワシントンD.C.に集められた州兵は同年の秋ごろまで留まるようです。

アメリカは国ではなく実は株式会社であり、そしてその株式会社がいよいよ終了し、真の共和国としてのアメリカ合衆国が始まるといった噂も流れていますが、どうも信ぴょう性に欠ける話だと思います。なぜならば株式会社が終了するとしても一国に対して会社が終わるなどそんな単純な話ではないと考えるからです。では一体何が大統領選挙の裏で起きたのでしょうか？　それとも今現在進行形で何かが起きている最中なのでしょうか？　この違和感の原因を追求するために私は片っ端からリサーチし、そしてついにアメリカの歴史的真相を垣間《かいま》見ることができました。

第四章からは、いよいよアメリカの知られざる歴史と世界のタイムラインを合わせて解説していくとともに今回の大統領選挙の真相に迫ります。これで２０２０年米大統領選挙がなぜ迷走したのかが見えてくることに間違いありません。

第四章

知られざるアメリカの歴史

トリプルスパイだったベンジャミン・フランクリン

一般的なアメリカ人の歴史見解では、1776年に北米13植民地で独立宣言起草委員会が独立宣言案を起案し、大陸会議で採択されたことになっています。そのためアメリカでは独立宣言が採択された記念として、7月4日を独立記念日として祝います。もちろんアメリカではそのように学校で習いますし、アメリカ人としての常識です。

今回の大統領選挙の不正をめぐるジョージア州での抗議集会で、リン・ウッド弁護士が「1776年！」と熱唱して以来、この1776年ムーブメントが愛国者たちの間で広がりました。ブラック・ライブズ・マターやアンティファといった歴史修正主義の台頭を危惧したのか、トランプ政権は政府資金を投入し、子供たちにアメリカ独立の輝かしい歴史を教える1776年委員会を設立しました。しかしバイデン政権に政権が移行するとすぐにこの委員会は解体させられることになります。

愛国者たちによる建国思想の再確認はすばらしいことですが、その歴史見解が捏造《ねつぞう》されている場合、その建国思想の伝統回帰は間違っていることになります。ですからトランプ政権が終了した後に1776年委員会が解体されても気にすることはありません。逆に誰がトランプ政権末期に「輝かしい独立国家」といった間違った伝統回帰を推し進めたのでしょうか。

アメリカの独立戦争は1775年から1783年のパリ条約まで続きます。発端は1775年にマサチューセッツ州レキシントンとコンコードで植民地民兵隊とグレートブリテン王国[*26]の軍が武力衝突し、ボストンを民兵が包囲するところから始まります。そのあと大陸会議は大陸軍を創設し、ジョージ・ワシントンを植民地総司令官に任命します。しかし独立戦争が始まる前の1774年にイギリス議会が植民地に対して独自に信用手形を発行することを禁止したことが、植民地がグレートブリテン王国に対して反発する大きなきっかけになったのではないかと察します。

＊26　**グレートブリテン王国**：イングランド王国とスコットランド王国が合同し成立した王国（1707－1801年）。

私たちは米大統領とは国の司令官であり、一番アメリカで権限を持っているポジションだと思いがちです。しかし大統領とは企業の責任者のようなポジションであり、実際に国を動かしていくのは「郵政」であり、大統領よりも郵政長官の方が歴史も長いのです。アメリカの初代大統領は憲法が作成された後1789年に就任していますが、郵政省は独立戦争よりも前から国の通信や海外貿易を運営させるために存在しています。アメリカの初代大陸会議郵政長官はベンジャミン・フランクリンであり、1775年に就任しています。日本語では郵政長官と翻訳されますが、英語ではポストマスター・ジェネラルと呼びます。一ドル札の肖像画は初代米大統領であるジョージ・ワシントンですが、百ドル札の肖像画は初代大陸郵政長官であるベンジャミン・フランクリンです。こうしたところにも大統領より郵政長官の方が位が高いことを示しています。

ベンジャミン・フランクリンは独立戦争中、在フランス全権大使としてパリで外交交渉に奔走したようですが、実はトリプルスパイであり、グレートブリテン王国のジョージ三世のために働いたといわれています。ベンジャミン・フランクリンが１７７５年７月１日にフランス王国から１６０万フランを借り入れた記述が残されている手帳が、フィラデルフィアにあるベンジャミン・フランクリン郵便局（コート）の地下に密かに保管されているそうです。

さて、ベンジャミン・フランクリンがパリで優雅に外交に明け暮れるころ、フランス王国から借り入れた１６０万フランはイギリス議会が停戦を決議した１７８２年には２００万フランに膨れ上がっていました。本来お金がないから借りるわけであり、

■100ドル札は初代大陸郵政長官ベンジャミン・フランクリンの肖像画。１ドル札は初代米大統領ジョージ・ワシントンの肖像画

利子が付けば一生返済できるはずがありません。ベンジャミン・フランクリンは返済することができない資金を外国から借り入れることで、ジョージ三世がアメリカを差し押さえる計画を実行したのです。

グレートブリテン王国の軍事力はアメリカよりもはるかに優勢であったため、ジョージ・ワシントンが独立戦争の指揮をとるも、実は植民地軍はほとんどの戦に負けていました。しかし一番重要な戦いである1781年のヨークタウンの戦いで植民地軍が勝利したため、1782年にはイギリス議会が停戦を決議します。グレートブリテン王国の軍は勝てる戦力があるにもかかわらず、負ける演出をしなくてはならないというのは真意に反すると思いますが、国家の破産タイムラインを合わせると違った視点から歴史の裏が見え、聖書にある言葉のように「借りる者は貸す人の奴隷となる」とはまさにこのことだと痛感することでしょう。

■グレートブリテン王国ジョージ三世

■1782年イギリス軍撤退の様子（画 HOWARD PYLE, 1900）

アメリカ合衆国憲法という破産契約書

旧約聖書の箴言《しんげん》22章7節には「富める者は貧しきものを治め、借りる者は貸す人の奴隷となる」という言葉がありますが、旧約聖書のレビ記には50年に一度の大恩赦の年（ヨベルの年＝英語名：ジュビリー）という債務の免除も記されています。

このような債務の免除など、金融に関する法律はなんと紀元前4700年から存在するようで、古代バビロンではすでに部分準備銀行も存在していました。アメリカには「レモン法」という消費者のためのセーフティネットのような契約解除の法律がありますが、このような合意解除法も実は古代から存在し、現在にまで引き継がれています。この債務免除の法律は国内破産法では7年、国際破産法では70年と規定されています。また破産国になるということは契約上、外国から侵略を受けない、また外国を侵略しないという定めがあります。なぜならば破産国は外国と契約を結ぶことができないからです。

１７８３年のパリ条約によって独立戦争は終結しますが土地の所有権は認められておらず、負債を抱えたアメリカは債務国であり独立国家ではありません。日本語では独立戦争と翻訳されていますが、英語名はレボリューショナリー・ウォーですから本来の意味は革命戦争です。

アメリカ13州は国内破産法に則《のっと》り、７年後の１７８９年までにさらに３００万フランに膨れ上がった借金をフランス王国に返済することができず、債権者側であるフランス王国と大陸を発見したと主張するスペインが空白になったアメリカ郵政長官の座を奪い合います。そこでジョージ三世はイングランド銀行に、ベンジャミン・フランクリンが借り入れた額と利子を含めた３００万フランを債権者であったフランス王国に支払うように命じ、ジョージ三世がアメリカの海外取引や通信事業をコントロールしました。このようにしてアメリカ13州は独立どころがイングランドの君主に捕獲されたのでした。

アメリカの新しい債権者がフランス王国からイングランドの君主に変更され、アメリカ13州は70年間の国際破産法を記した破産契約書をジョージ三世と結ぶことになります。この契約書がアメリカ合衆国憲法であり、そのため憲法には破産国の委託の受託者としての大統領というポジションや議会の議員選出法などが定められています。また税金や銀行制度のこともこの時の憲法に記されています。債務国として70年間期限の返済の義務を負ったアメリカ13州はジョージ三世がアメリカ人に対して暴走しないように権利章典（Bill of Rights）を憲法に書き加えて署名をします。

またフィラデルフィアにあった郵政庁を閉鎖し、本庁所在地を新たな首都になったワシントン市のコロンビア特別区[*27]に移動させます。こうして「輝かしい独立」というアメリカの歴史捏造《ねつぞう》の裏でグレートブリテン王国に占領されたアメリカ13州は破産国として70年を過ごすことになります。

＊27　**コロンビア特別区**：現在のワシントンD.C.とは異なるコロンビア区（Territory of Columbia）のこと。

二回目の破産契約の始まりと南北戦争

合衆国憲法が発効されてから70年後、時代は１８５９年に移ります。１８５９年には南北戦争の開戦の一因となるハーパーズ・フェリー襲撃事件が起きます。ハーパーズ・フェリーはポトマック川とシェナンドー川の合流点に位置し（現在はウエストバージニア州の町）、ジョージ・ワシントン時代から陸軍の弾薬庫があり、軍事上の要衝となっていました。奴隷制度廃止運動家のジョン・ブラウンがこの陸軍の弾薬庫を襲撃し、国中を震撼させます。ジョン・ブラウンによる襲撃は失敗に終わりますが、この事件が南北の緊張を高め、のちに南北戦争へと発展していきます。

南北戦争は奴隷制や自由貿易に関する南北の対立が原因だったと語られていますが、奴隷制は北部と南部を不安定にするための分割統治の戦略として利用されただけで、南北戦争で利益を上げたのは銀行家たちであり、ここにも破産制度のタイムラインが見え隠れします。

１８５９年に債務期限を迎え合衆国が終了すると、70年前に署名した合衆国憲法も国旗も国の破産とともにすべて失効しました。一年間の猶予期間がありますので、正確には１８６０年まで合衆国は有効だったはずです。ヴィクトリア王女とイングランド銀行は焦らずに情勢を静観していたことでしょう。なぜならば南北の関係が緊張しておりアメリカは再度イギリスと破産契約を継続しなければ南部の独立を許すことになるからです。この時に大統領として当選するのがエイブラハム・リンカーンです。エイブラハム・リンカーンは南部を失った分、五大湖周辺の５州（ミシガン州、インディアナ州、オハイオ州、イリノイ州、ウィスコンシン州）を新たに合衆国に加えることで二回目の破産タイムラインの存続をイングランドから許されます。しかし南部はすでに独自に連合国郵政省を設立しており、また連合国の国旗も獲得していたため再度イングランドの債務国になることに反対しました。

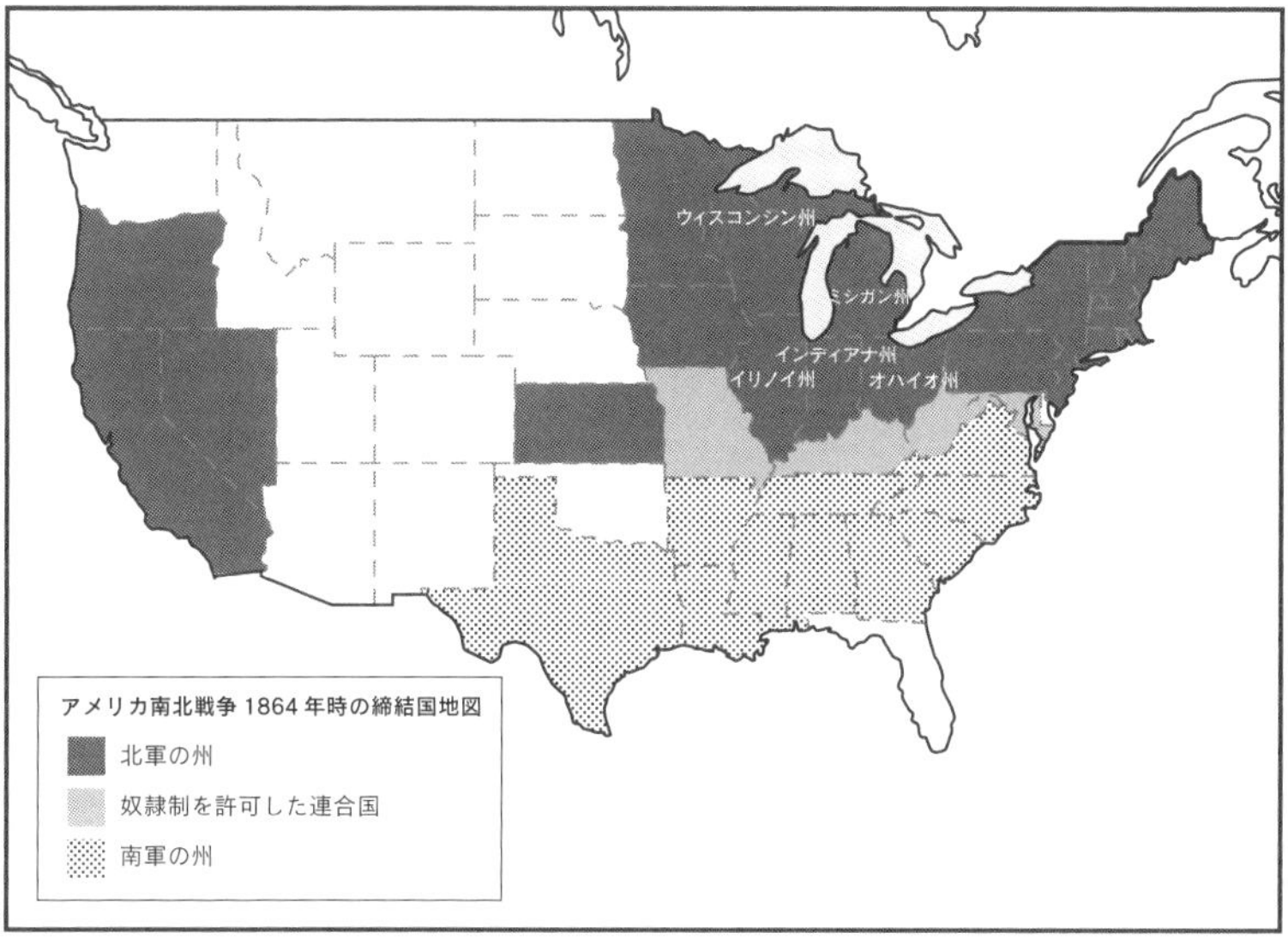

■アメリカ南北戦争1864年時の締結国地図

エイブラハム・リンカーン大統領は独立した南部と戦うために銀行から資金を調達する必要に迫られ、ニューヨークの銀行（ロスチャイルドの影響下）から資金を調達することを試みます。しかしあまりにも高利子であったため、リンカーン大統領は解決策として利子を課さない政府独自の通貨を発行することを考え出します。北部の政府に無利子で通貨を発行させ、武器の購入や兵士の給料を政府紙幣で支払わせ政府の通貨を流通させました。これがリンカーン時代のグリーンバック（緑背紙幣）と呼ばれる政府紙幣です。

ロスチャイルド家は植民地への奴隷貿易に深く関わっていたため、南部ではフランスのロスチャイルド銀行家を筆頭にヨーロッパの銀行が資金提供していました。最終的に南北戦争は北部が勝利しますが、戦争終結後すぐにリンカーン大統領は暗殺され、グリーンバックは廃止されることになります。

南北戦争後、資源不足などからも政府の財政は弱体化し、アメリカは危機に陥っていました。そのため連邦議会はロスチャイルド銀行から融資を受け新しい政府を創設します。これが1871年のコロンビア特別区基本法で、ワシントン市、ジョージタウン市、ワシントン郡を一つの自治体に統合した「ワシントンD.C.」です。つまり国の中に都市国家を創設し、外国に管理される新政府を設立したのです。

金の卵に化けた出生証明書

1859年に70年を足すと1929年になり、この時がアメリカの三回目の破産タイムラインの始まりであり、そして最後のタイムラインになります。三度目の正直ではないですが、国際法には三回ルールがあるようで、三回目以降は破産契約書を存続するのではなく、新たに最初から契約し直す必要があります。ところで1929年と聞いてピンと来た人もいるのではないでしょうか。そうです、ウォール街大暴落です。

債務側が債務免除により破産契約である70年を過ぎて破棄する場合、45日間のモラトリアム期間終了の10日前に債権側に予告することを義務づけた新たな権原が1905年に成立されました。ですからアメリカは1929年に債務免除によりいったん合衆国を終了させる場合、債務期限満期から45日間のモラトリアムを足した11月2日の10日前までにイギリス王にその旨を伝える必要がありました。そしてジョージ五世が「アメリカとの破産契約が終了するため銀行を数日閉鎖する必要がある」と信用組合に表明すると、あっという間にウォール街が大暴落しました。世界恐慌の始まりです。

こうしてアメリカはイギリス王と破産契約の存続に再度追い込まれることになり、三回目の破産タイムラインに突入することになります。しかし南北戦争での負債があまりにも巨額であったこと、世界恐慌というダブルパンチを食らったアメリカは70年待たずに1933年3月9日に破産を宣言することになります。フランクリン・ルーズベルトの大統領就任直後でした。

この時のアメリカは本当にお金がなく、所有していた金塊をすべて取り上げられたフランクリン・ルーズベルトはアメリカ国民を連邦準備制度の担保にすることを提案します。つまり国民が金塊に化けたのです。出生証明書を一枚発行するたびに国民が法定準備金の担保となり、連邦準備銀行から国民一人あたり当時の60万ドルから70万ドルを連邦準備券として発行しました。そして国

■1929年大暴落時のウォール街

民は知らずに政府の債務を返済する保証人になったのです。これがアメリカの出生証明書の秘密であり、最後の破産タイムラインである1929年から70年後、つまり1999年まで続くことになります。

イギリス王室を支配する聖座

こうしてアメリカが常にイギリスの君主の植民地であったことが破産タイムラインから読み取れますが、そのイギリスを古くから支配していたのはバチカンです。

Holy See というカトリック教会用語がありますが、日本語では聖座、または使徒聖座という用語を用いるようです。ウィキペディアからの説明を参照しますと、ローマ教皇が持つ権威、または職権のうち最高の総称であるようです。また国連ではバチカンを代表する国際連合総会オブザーバーとしての名義も聖座（Holy See）とされているようです。

Holyは聖なるという意味ですが、Seeとは「見る」や「理解する」という意味です。何を見て理解するのか。それは秘教のシンボルを見て意味を理解するということになります。ですからシンボルを知る＝教皇の許可を得るということになります。なのでこの「見る」には「教皇の許可」という意味があります。そして教皇とSEE PASSという特別な「許可証」を結んでいるのがロンドン・シティとワシントンD.C.になります。ちなみにロンドン・シティは１６９４年にウィリアム三世がイングランド銀行を設立した時に都市国家になりました。

SEE PASSをシンボルによる許可証と訳すのは正確ではありませんが、バチカン市内はシンボルやヒエログリフが満載な秘教都市であり、それらを熟知しているキー・マスター（男）が世界の重要建物の裏口ドアにたどり着く権限を得ており、キー・ホルダー（女）が年に決まった時期にその裏口ドアを開け閉めしてキー・マスターを通す権限を得ています。バチカンのサン・ピエトロ広場にあるオベリスクはまさにキ

■バチカン市国サンピエトロ広場。楕円形の広場は子宮＝キー・ホルダーを象徴。広場中央にあるオベリスクは男性シンボル＝キー・マスターを象徴。列柱廊の上に並ぶ男性像はキー・マスター権限を得る順番待ちを表す

■ガーゴイル（ノートルダム大聖堂、パリ）

ー・マスターの男性シンボルであり、楕円形の広場は子宮を表すキー・ホルダーなのです。さらに付け加えると、楕円形の広場を囲んでいる列柱廊の上にはたくさんの男性像が飾られていますが、キー・マスターの権限を得る順番を待っている様子を描写しているのです。またヨーロッパの大聖堂の壁には訪れる人々を見下ろす気味の悪いガーゴイルが取り付けられていますが、あれらは雨どいでも魔除けでもなんでもありません。ガーゴイルのシンボルは「砂時計」を比喩しています。砂時計とはつまり人間の時間に制限を設けるという意味です。ですから時を有限にすることで時間をコントロールしているのです。

アメリカは南北戦争後、いったんバチカンとの外交関係が停止しますが、１９３３年にジェームズ・ファーレイ郵政長官によって正常化されます。ワシントンD.C.とバチカンの関係はそんなに長くはありませんが、ロンドン・シティとバチカンの関係には長い歴史があります。

ブリテン島は古代ゲルマンの多神教信仰から六世紀にはアイルランドのケルト系キリスト教が伝播されていました。しかしこのような多神教的信仰に対し、５９５年ごろグレゴリウス一世はアウグスティヌスを布教のためにブリテン島に派遣し、エゼルベルトが統治するケント王国にキリスト教を伝道することに成功します。ケント王国の都であるカンタベリーには司教座が設けられ、アウグスティヌスが初代大司教に就任します。

時は流れ１２０８年のイングランド王国では、国王ジョンは空白になっていたカンタベリー大司教の任命をめぐりローマ教皇インノケンティウス三世と対立し、１２０９年に教皇はイングランド王国にインターディクト（禁止令）を科し、またジョン王には破門を科しました。このキリスト教の禁止令のため、ミサに出席することも教会での埋葬も許されないといった過酷な６年が経つと、苦しさのあまり１２１３年にジョン王は教皇から許しを得るためにイングランドとアイルランドの土地を献上し教皇と和解します。こうしてジョン王はイングランド王とアイルランド王としての称号を返還されることになりますが、この時二人は神聖同盟を交わします。

失政を繰り返すジョン王は対仏戦争での敗北で広大なフランスの大陸領地を失うと国内諸侯の怒りを招き、1215年に王権を制限するマグナ・カルタ（大憲章）への合意を強いられることになります。しかし破門を恐れたジョン王がインノケンティウス三世と1213年に交わした条約は教皇がイングランド王の上に君臨する権力構造であるため、1215年に署名したマグナ・カルタの法的文書は無効でした。

イギリスとバチカンの間にはこのような古い歴史があるため、イングランドの君主が長年アメリカを支配していると思いきや、最終的に聖座であるバチカンがSEE PASS条約によって「航海路」を支配し世界を動かしているのです。ちなみに国旗の上のオーナメントを確認することで、現在どの法廷地法によって国が支配されているのかがわかります。ホワイトハウス内や議事堂内に飾られている合衆国の国旗の上には翼の先端を下に向けた金の鳥が乗っかっています。この鳥の翼の先端が下がってい

■トランプ前大統領ホワイトハウスでの会見。背後の国旗に注目。オーナメントの鳥の翼は下向き（フェニックス）、中央下の大統領紋章は翼が上向き（鷲）
写真提供：UPI ＝共同

る場合は、鳥の種類はフェニックスであり、バチカンの金融法廷地法に支配されていることを示しています。また大統領の紋章のように鳥の翼の先端が上を向いている場合は、その鳥の種類は鷲であり、鷲は郵便法のもとに置かれていることを示しています。米軍の中でも米陸軍、米海軍、米空軍の紋章は鷲ですが、米海兵隊の紋章は鳥の翼が下を向いています。また連邦準備銀行の鳥はフェニックスです。

■海兵隊紋章は QR コードより参照できます（wikipedia）。

またこのように世界を運営する都市国家はバチカンが時間を、ロンドン・シティが金融を支配しています。そしてこれらの都市国家に強制力を与えているのがワシントンD.C.の軍事力、ペンタゴンです。

最後の破産契約の終了

１９２９年９月17日から70年後の１９９９年９月17日、アメリカ合衆国の最後の破産契約が自動的に終了しました。２１０年前に憲法に署名した建国の父たちはもうこの世にはいませんので、契約の存続を希望する場合は新たにイギリス王室と契約し直す必要があります。一年間という猶予期間がありますので正確には２０００年９月17日に終了したのですが、そこに45日間のモラトリアム期間と3日間の合意解除法を合わせると、２０００年11月2日にアメリカ合衆国はいったん終了したことになります。破産国が終了するということは今まで信託の受託者であった大統領はいったん立ち退く必要があります。２０００年11月に何が起こったか覚えていますか？　２０００年

		アメリカ国家破産タイムライン		アメリカの動き
	1774年	イギリス議会が植民地に対し独自に信用手形を発行することを禁止		
（国内破産法７年）	1775年	ベンジャミン・フランクリンがフランス王国から 160 万フランを借り入れ	1775年	独立戦争開戦
（国内破産法７年）	1782年	負債額 200 万フランへ	1783年	独立戦争停戦（パリ条約）
（国際破産法70年）	1789年	負債額 300 万フランへ。ジョージ三世（イングランド）が 300 万フラン返済を肩代わり、アメリカの債権者はイングランド君主に変更。国際破産法適用開始	1789年	破産契約（国際破産法）を記した合衆国憲法制定
（国際破産法70年）	1859年	2 回目の国際破産法適用	1859年	南北戦争開戦の一因であるハーパーズ・フェリー襲撃事件
			1865年	南北戦争終戦
	1871年	連邦議会はロスチャイルドから資金提供を受け、新政府ワシントンD.C.を設立		
（国際破産法70年）	1929年	3 回目の国際破産法適用	1929年	ウォール街大暴落、世界恐慌
	1933年	アメリカの正式破産宣言 国民を本位財にした通貨発行へ		
	1999年	3回目の国際破産法満了		
	2000年	国際破産法モラトリアム期間終了 アメリカ株式会社へ	2000年	アメリカ大統領選（迷走）
			2001年	ブッシュ政権誕生

■アメリカ国家破産タイムラインまとめ

米大統領選挙で起きたブッシュ対ゴア事件です。

２０００年11月7日、アメリカ合衆国の次期大統領を決める大統領選挙は開票日に結果を表明することができませんでした。なぜならば大統領は破産とともにいったん立ち退く必要があったからです。あの時民主党立候補者のアル・ゴアが選挙人の数をリードしていました。しかしフロリダ州の結果はジョージ・W・ブッシュ優位だったものの票差が投票数の０・５％未満であったとして州法に従い、票の数え直しが行われました。機械による票の数え直しから今度は手作業による票の数え直しになり、パンチカード方式の開票作業が迷走している様子はフロリダ・チャドとして今でも語り継がれています。

結局、連邦最高裁判所はフロリダ州での再集計を許可しない判決を下したため、アル・ゴアが敗北宣言を行い、ジョージ・W・ブッシュが勝利します。しかし三分の二の州が裁判にもっていき再集計を行っていたため、法律的に再集計が終了するには90

日を要しますので、たとえ1月20日に議事堂前で就任式を行ったとしてもジョージ・W・ブッシュを正式な大統領として迎えた新しい法人がスタートするのは２００１年２月７日になります。ですから国民が大統領選挙の迷走やフロリダ・チャドに気を取られていた90日間、アメリカ合衆国は存在していなかったことになります。

つまり２０００年11月２日以降、信託の受託者という米大統領をいったん立ち退けるために、連邦最高裁判所も巻き込んだ大統領選挙の迷走という大芝居を打った勢力がいたということです。この勢力は古くから破産タイムラインを熟知している勢力です。もちろんジョージ・W・ブッシュも最後の大統領ビル・クリントンも、大統領選挙が迷走した裏で何が起きていたのか承知だったはずです。

ブッシュ家はイギリス王室と血縁のようですから、新世界秩序（ＮＷＯ）を推し進めるためにも新しいアメリカ株式会社の大統領の座をエリザベス女王に祈願したことでしょう。こうしてジョージ・W・ブッシュが破産後の初代アメリカ大統領になります。しかしこの事態を把握していたのは彼らのような支配層の人間たちだけではありませんでした。そこにはこのアメリカの破産タイムラインの終了に気付いた愛国者もいたのです。

新世界秩序の樹立

世界を一つに統合するような世界秩序の話は古代から存在しています。古くはローマ帝国やオスマン帝国、近代では満洲国やナチス、国際連盟、そして欧州連合や国連などです。陰謀論でよく議論される新世界秩序（NWO）ですが、支配層の人々の間では以前から語られていたこの新世界秩序という言葉をアメリカ国民が耳にし始めたのはジョージ・H・W・ブッシュ大統領のスピーチからではないかと思います。

ジョージ・H・W・ブッシュの父親、プレスコット・ブッシュは銀行家でした。彼が第二次世界大戦中にナチスに財政支援をしていたことは有名です。大恐慌時代の1

■左：サッチャー英首相　右：ジョージ・H・W・ブッシュ副大統領（1987年）

■銀行家だったプレスコット・ブッシュ

933年にフランクリン・ルーズベルトが大統領に就任するとニューディール政策という大胆な経済政策により世界恐慌に対応しようとしました。ニューディール政策とは政府が市場に積極的に関与する経済政策であり、国による公共事業と軍事産業ばかりに投資を投げて経済成長を求めれば、それはすでに資本主義の仮面を被った社会主義国です。結局、失業の長期化を招いたため、第二次世界大戦の軍需でアメリカはようやく恐慌から抜け出すことになります。このように自由主義経済政策から社会主義経済政策へと変換させたフランクリン・ルーズベルト大統領でしたが、彼を就任早々大統領の座から引きずり下ろそうとクーデターを計画した人々がいました。

アメリカの退役軍人の組織、アメリカ在郷軍人会のメンバーであったジェラルド・マクワイアーは債券ブローカーでもありました。ジェラルド・マクワイアーは銀行家のプレスコット・ブッシュ、JPモルガン、グッドイヤー・タイヤといった資本家から支援され、スメドレイ・バトラー元海兵隊将軍を抱き込み、ルーズベルト大統領に対しクーデターの計画を立てました。スメドレイ・バトラー元海兵隊将軍は軍人から慕われており、彼を抱き込めば十分な数の軍人がクーデターに協力をすると考えていたからです。しかしバトラー将軍はプレスコット・ブッシュたちの魂胆に気付き、彼らの計画を議会で証言することでクーデターは未遂に終わります。反逆罪に問われるべき事件ですが、誰も罪を問われませんでした。しかし資本家たちによるクーデターはここで終了したわけではなく、陰に隠れて計画は生存していました。

プレスコット・ブッシュの息子ジョージ・H・W・ブッシュはCIAと長い間密接でした。ドワイト・アイゼンハワー大統領の時代にジョージ・H・W・ブッシュやウィリアム・コルビーらは「Five Star Trust」を設立し、ドラッグマネーなどの資金洗浄システムとして機能させます。ドワイト・アイゼンハワー大統領は影の政府の台頭を国民に警告しています。ジョン・F・ケネディ大統領もCIAの暴走を警告し、特殊部隊を設立します。この特殊部隊がのちに陸軍特殊部隊グリーンベレーとなります。1980年代にはロナルド・レーガン大統領が共産主義の台頭を国民に警告しています。このようにアメリカ国内でのナチスの台頭を危惧し、国民に警告を発していた勇気ある大統領は過去に数名存在していたのです。ジョージ・H・W・ブッシュはロナルド・レーガンの暗殺を5回ほど試みたようです。

1976年にジョージ・H・W・ブッシュはCIA長官に就任し、1981年には副大統領にまで昇りつめます。そしていよいよ1989年にジョージ・H・W・ブッシュが第41代大統領に就任すると、1933年からの念願のナチスの野望が達成されることになります。この後は国連を世界統合政府とし、アメリカの出生証明書のシステムを全世界の人々に応用させ、全世界の人口から税金を課す新世界秩序を樹立する計画だったのでしょう。これは人間を信用財とする新たな本位財による経済体制です。この経済体制が樹立すれば監視社会が待ち受けていることは目に見えています。それこそRFIDマイクロチップやワクチンの義務化、DNAデータベースの紐づけなど人間の家畜化といった話は陰謀話ではなく現実化するでしょう。人類の危機到来です。

このように人類を家畜化するためには世界の銀行をロスチャイルド銀行に一本化す

る必要がありました。9・11以降、アメリカが侵略した国々は国際通貨基金（IMF）に加盟していない国、つまり石油を本位財としている国々です。石油は液体なので採掘・輸送・貯蔵が容易で、世界の輸送インフラを支える重要なエネルギー源になっています。ですから石油が本位財になっている中東や北アフリカはロスチャイルド銀行に頼らなくても国を運営することが可能でした。このような石油が豊富な中東や北アフリカから石油を奪うことで国としての価値がなくなり、彼らはロスチャイルド銀行に頼らざる得なくなります。そして石油本位制の国の最後の陥落がベネズエラです。

ちなみに2001年9月11日にワールドトレードセンターが爆破され崩壊しましたが、タワー崩壊直前に12兆ドルがホノルル経由でシンガポールの口座に移動し、その後の中東紛争の資金として使われたようです。アフガニスタンやイラクで戦う資金は年間約五千億ドルだそうですから、20年間中東で戦える資金を得たことになります。米軍が18年も駐留したアフガニスタンからトランプ政権が撤退を決めたのは和平合意よりも単に資金が底をついたからなのでしょう。とにかく9・11以降、中東に混乱をもたらし石油を巻き上げ、紛争を長引かせ時間を稼いでいる間に、軍産複合体は崩壊するワールドトレードセンターの地下金庫から地下鉄を利用して強奪した金塊で独自の秘密兵器をつくったようです。

このような人類の危機をもたらす新世界秩序の樹立が完成したら最後に頂点に君臨するのは時間と精神をコントロールする聖座です。バチカンはナチ党と連盟を組んでいたため、常にナチス側でした。アドルフ・ヒトラーの父親であるアロイス・ヒトラーはマリア・アンナ・シックルグルーバーの私生児ですが、彼女は生涯決して子供の父親の名を明かさなかったそうです。しかしマリア・アンナ・シックルグルーバーの私生児アロイスの父親はザーロモン・マイアー・フォン・ロートシルト（ロスチャイルド）だったという噂があります。

新世界秩序はナチスのアイデアと言われていますが、実はそれ以前、1874年に万国郵便連合が設立したときに世界秩序は樹立しました。ちなみに最初の加盟国はハワイ王国です。万国郵便連合（ＵＰＵ）は１８７４年10月９日に設立された世界で二番目に古い国際機関です。本部はスイスのベルンに置かれており、現在では１９２か国が加盟しています。

万国郵便連合が設立する前は国家間の郵便業は主に二か国間協定によって管理されていました。しかし戦時中であったり、国境などが変化したりすると二か国間協定は複雑になり、急速に発展する貿易や商業を妨げていました。こうしたことから１８７４年のベルン条約で郵便業務を調整し、国際的に秩序をもたらし、郵便のための輸送ルートを地域的に確立させ規制を総合させることに成功します。この時に世界秩序の計画が樹立したのです。

私たちは普段当たり前のように郵便局に行って手紙や小包を海外に送ったり、また海外から受け取ったりしていますが、ランダムに郵便局が郵送しているのではなく、ベルン条約を結んだ加盟国において郵便ルートが確立しているから規則的に郵送できるのです。このような郵送のために指定された古くから存在するルートは、時代とともに大通りや高速道路になったりしています。

郵便業の歴史は古く、現在発見されている最古の郵便文書は紀元前255年のエジプトで発見されています。しかしそれ以前から郵便業は通信業として独自に発達し存在していました。現在では銀行が世界を制覇するような政治体制が確立されつつありますが、本来は古代からこの「運輸業」と「郵便業」を制する者が世界のタイムラインを制覇してきたのです。軍も政府も経済もこの事業なしには機能しません。アメリカでは軍に入隊するとき、最初に郵便局で申請します。兵士は郵便局のために働いているのです。ですから戦争とは郵便局同士の戦いなのです。ちなみにアメリカではパスポート申請も郵便局で行います。

世界秩序は地球を統一させる計画です。二つあると常に相違的矛盾が生じるため

「一つに統一させる」というアイデア自体は決して悪いわけではありません。しかし国際資本家たちがそのアイデアに上乗りし、地球上の人間を本位財とし人々から資本を巻き上げる計画が行われています。なぜならば私たち人間は死体扱いされ、地球上をさまよっていると解釈されているからです。次の第五章では地球を支配する海事法について解説します。

第五章

地球を支配する海事法

海上をさまよう船舶

大陸法[*28]や民法は国を統治する法律ですが、地球全体を支配する法律は「海事法」です。私たちは陸地に住んでいるから海事法などは関係ないと思いがちですが、海事法は何も海上だけの法律ではありません。海事法は古くからある法律であり、統一商事法典（Uniform Commercial Code ＝ UCC）とも強く結びついています。つまり海事法は商業における神の法則であり、古代からの契約システムです。

通常、海上輸送は船にコンテナを積み込み仕向け地に向かい、コンテナ船が港に到着すると船渠《せんきょ》（ドック）し、船長は証明書を港湾局に提示し港に船渠すること（入渠）を許可されます。コンテナは搬出され当局は証明書から貨物の中身を検査します。輸入者は船荷《ふなに》証券が貨物の引換証となり、貨物を受け取ります。

＊28　**大陸法（civil law）**：（英米法からみて）西ヨーロッパ大陸で発展・採用された法。

この地球も大きな船舶であり、固定しておらず常に自転し宇宙を航海しています。また人間や物も地球に固定されているわけではなく常に移動しているため、私たち一人一人も一つの船と考え、この地球上を航海しているのです。ですから固定されていないものはすべて海事法の対象です。

私たちはこの世に生まれてくる前、母親の胎内で羊水につかり母親とともに海上を移動しています。母親が出産のために病院に入院し（病院でない場合もありますが）赤ちゃんが生まれます。医者は赤ちゃんの状態をチェックし、母親は病院を退院する前に出生証明書にサインをします。母親がコンテナ船の船長であれば、運んでいた赤ちゃんの出産時には病院という港に船渠する必要があります。医者は港湾局の資格を持った長官に値します。船を港に船渠した時点ではまだ赤ちゃんは無法地帯にいる状態であり、母親が貨物証明書に値する出生証明書に署名することで、生まれてきた赤ちゃんは海事法の管理下に置かれます。母親によってサインされた出生証明書は州の保健局に送られます。母親から州に移管された出生証明書は45日間のモラトリアム期間を経た後にソーシャルセキュリティーナンバーに化けて母親のもとに郵送されます。

海事法によると船の名前はすべて大文字で表すように決まっています。ですから出生証明書の名前は大文字で記入します。ソーシャルセキュリティーナンバーも大文字で発行されます。これを“nom-de-guerre”と言います。これはフランス語で「偽名」や「仮名」という意味ですが、この呼び名はもともとは戦時中に使用した偽名という意味から来ているようです。つまり**大文字で綴る名前は「死体」である**ということになります。機会があれば墓地を訪れて墓石を確認してみてください。墓石に刻まれたすべての名前は大文字です。ですから海事法によれば私たちは死体として海上をプカプカと浮いているのです。まさにノアの箱舟の大洪水が起きた後のような世界です。

アメリカでは一律に改訂して出生証明書が発行される前は、教会で出生に関するデータを記録していました。しかし1933年にフランクリン・ルーズベルト大統領が破産宣言すると、国民の出生証明書を先物として銀行に売ります。銀行家にとって興味があるのはこの個人が一生でどれくらい銀行のためにお金を生み出すかです。支配層からすれば人間が金塊に化けたのですから、その個人のＤＮＡを調べて適性や、将来かかりやすい病気を特定させ、個人情報を先物として資本に紐づけしたいはずです。しかもこれを新世界秩序と呼び、全世界で国連を通して実行しようとしているのですから、まるでナチスがユダヤ人に身分証明書の所持を義務付けさせた時と同じ

■ドナルド・トランプ前大統領とメラニア夫人のアーリントン国立墓地訪問(2019年)。墓石が大文字になっている。© CNP／DPA／共同通信イメージズ

概念です。あの頃は警察が簡単にユダヤ人を見分けることができるように政府はユダヤ人の身分証明書には特別な印を付けました。現在ワクチンの義務化を推し進めてワクチン証明書のようなものを発行しようとしているどこかの政府もナチスと同じアイデアでしょう。

アメリカでの生活は出生証明書がすべての原点であり、すべての身分証明書や法的義務はその出生証明書から作成されます。ですから運転免許証もその他法的な文書もすべて大文字で名前が記されます。クレジットカードも光熱費の請求書もパスポートもすべて大文字で記されています。外国のパスポートも例外ではありません。飛行機に乗る人間が「死体」でないと飛行機会社は乗客の搭乗を許可しません。たとえ飛行機事故で乗客が死亡したとしても、飛行機会社からしてみると最初っから死体を飛行機に乗せて運んでいる道理なのです。

海事法は古代から続く支配層の法システムだった

この地球上で固定されていないものはすべて海事法の対象であると前章で説明しました。法ですから司法も海事法を強制されます。これは古代から支配層や秘密結社たちが支配してきた惑星のプラットフォームなのです。ですから彼らが支配する海事法システムが世界中の裁判所を支配しています。アメリカの裁判所に置かれている黄色いフリンジが付いた国旗を見て不思議に思ったことはないでしょうか。この黄色いフリンジのついた旗は海事法下であることを象徴しています。すべての裁判所は外国の地であり、海事法に従っているのです。ですから裁判所は私たち国民の民事訴訟を扱う場所ではありません。

裁判官は訴訟の審理期間に45日のモラトリアム間隔をあけて証拠の継続性を放棄し訴訟を密かに妨害することもできます。これを理解せずに裁判所に出向けば、裁判官と弁護士による費用窃取の法廷ショーが繰り広げられることになります。ですから本当は第三者による仲裁で裁定する裁判外紛争解決によって、効率よく解決することをお勧めします。

アメリカ合衆国には、海事法に対立して民間人による陪審員制度の権利が合衆国憲法修正第七条に記されています。通常アメリカで陪審員と言えば小陪審の12名で構成される陪審制度のことを指します。陪審員は箱のような陪審員席に二列になって座りますが、この二列には段差があります。さらに海事法では〝箱に入れたものは無効〟になります。つまり陪審員を箱に入れて座席に段差を作ることによって陪審員制度を無視しているのです。ですから陪審員制度は無効なのです。なんなら裁判官も証人も箱の中に座っています。つまり裁判官は黒い服を着て意見を述べるパフォーマーであり、裁判所はパフォーマーたちが演じる舞台なのです。では裁判所で一番大事な人は誰なのでしょうか？　それは書記です。なぜならば書記が船舶である裁判文書を物理的に動かしているからです。では本当の裁判所とはどこなのでしょうか？　それは裁判文書です。つまり箱に入れて段差を作ることによって陪審員制度を無視しているのです。文書が法廷なのです。社会主義圏で一番国家の実権を掌握しているポジションを「書記長」と呼ぶのは、書記が文書という船舶を動かすポジションだということを熟知しているからでしょう。

国家破産と海事法のタイムライン

欧米の歴史を振り返ると、まさしく「借りる者は貸す人の奴隷となる」という世界的構図でした。つまり欧米の歴史は海事法のタイムラインに沿って動いていたのです。日本は鎖国することにより海外への渡航や通商、交通を大きく制限し、外国との通商を200年以上停止させました。海事法を操る聖座は人間を死体扱いし奴隷化を図る勢力です。日本はこのような外国勢力から温厚な国民を守ろうとしたのでしょう。しかし一生国際的に孤立するわけにはいかず、開国を迫られることになります。日本では郵政省の前身となる逓信省が1885年に発足します。初代逓信大臣は榎本武揚《たけあき》です。こうして日本はいよいよ新時代の幕開けとともに世界の海事法のタイムラインに巻き込まれていくことになります。

戦時中、太平洋に位置するハワイ諸島は地理的にとても重要な場所でした。なぜならば太平洋を航海するとき、当時のエネルギー資源である石炭を航海の途中で補充する必要があるため、ハワイを制すれば太平洋を制したようなものだったのです。ですから第二次世界大戦で日本海軍がハワイに目を付け奇襲したのは当然な戦略であり、大日本帝国がハワイを手に収めればその時点で太平洋戦争は終了した可能性がありました。しかし日本海軍が仕掛けた真珠湾奇襲は攻撃するタイムラインが若干ズレていたのです。これを大きなミスと呼ぶのか、それとも裏切り行為と呼ぶのか真相はわかりませんが、山本五十六がスパイだったという説はわりと巷で出版されているようです。もし彼がフリーメイソンに入会していたことが事実であれば、彼は国家よりもフリーメイソンに忠誠を誓うはずですから、真珠湾攻撃のタイムラインをわざとズラしてフランクリン・ルーズベルトの宣戦布告を正当化させた可能性があります。このタイムラインを理解するにはハワイ王国のタイムラインを知る必要があります。

最初のヨーロッパ人としてハワイ島を訪れたのはイギリスの海軍士官ジェームズ・クックです。彼はイギリスに戻りハワイ諸島の報告をするとイギリス人たちはハワイに向かいます。１８００年代に入るとヨーロッパ人から持ち込まれた疫病により先住民の人口が激減しました。１８１０年にカメハメハ一世がハワイ諸国を統一させハワイ王国を建国し、彼の死後は息子のカメハメハ二世が王位に就きます。このころキリスト教文化の導入によって伝統信仰の廃止や英語のアルファベットによる文字教育が始められ、古来からの音を大切にする口承文化が失われることになります。文字による侵略を表立って実感することは難しいですが、統語などの意味を知らずに外国語をそのまま先住民に使用させるのは西欧人による侵略行為です。

カメハメハ三世の時代になると製糖業が盛んになり、１８４０年にはハワイの憲法が公布され立憲君主制が成立します。こうした急速な西欧化に慣れない先住民は政治の世界から追いやられ、欧米人に要職を奪われるようになります。さらにこの西欧化はハワイの土地制度にまで及びます。１８４８年には土地法が制定され、ハワイの土地が王領地、官有地、族長領地に分割されると、先住民の人口が危機的に激減していたこともあり、カメハメハ三世は、先住民が死亡したあとの領地は20年の死亡モラトリアム期間を経て外国人による土地の私有を認める契約をしました。

このようなイギリスの策にはまった急速な西欧化はハワイ王国の財政危機を招いたのでしょう。対外債務を抱えたハワイ政府は１８７１年10月22日破産を宣言します。国際破産法によれば一年間の猶予期間がありますので、１８７２年10月22日までカメハメハ王朝のハワイ王国は存在していたことになります。それから45日間のモラトリアム期間と３日間の合意解除法を計算すると１８７２年12月７日になります。それから数日後、タイミング良くカメハメハ五世は世継ぎ無く急逝します。こうしてカメハメハ王朝は終焉を迎えます。

カメハメハ五世が他界し王朝が断絶すると、1848年にカメハメハ三世が結んだ条約により、20年の死亡モラトリアム期間を経て王領地を外国が私有できることになります。そこから45日間のモラトリアム期間と3日間の合意解除法を計算するとタイムラインは1893年1月17日になります。この日にアメリカ海兵隊がハワイに上陸しイオラニ宮殿を包囲します。そして共和制派が宮殿近隣の官庁舎を占拠し、王政廃止と臨時政府樹立を宣言します。この時王権を握っていたリリウオカラニ女王は「軍隊の衝突と人々の生命の喪失を回避せんがため」と声明文を残して君主制を廃止しますが、リリウオカラニ女王はフリーメイソン（東方の星）のメンバーであり、彼女は王権よりフリーメイソンに忠実を誓う立場だったのです。この時占拠された官庁舎は、幼児期よりイギリスから厚遇されフリーメイソンであったカメハメハ五世が建設を命じたアリイオラニ・ハレで、大通りを挟んで向かい側にはイオラニ宮殿があります。アリイオラニ・ハレはフリーメイソンのロッジであ

■カメハメハ五世

り、重要な政府機関である中央郵便局、裁判所などがタワー内に置かれていました。しかしハワイ王国は１８７１年10月22日以降破産国であり、アメリカ合衆国もそのころイギリスと二回目の破産契約中でした。破産国同士は契約を結ぶことはできません。ですからアメリカがハワイ王国に行った行為は本来違法行為なのです。

ハワイ王国が破産した１８７１年10月22日から70年の月日と45日間のモラトリアム期間と３日間の合意解除法を計算すると１９４１年12月７日になります。この日に日本海軍はハワイの真珠湾に奇襲を仕掛けます。それはハワイの70年の破産契約が終了するからです。ハワイとアメリカの破産タイムラインは違います。大日本帝国は破産契約が終了したハワイを攻撃したのであってアメリカ合衆国を攻撃したわけではないのです。しかも日本海軍が攻撃したのは郵政長官の所有する飛行場や太平洋戦艦などであり、石油タンクも民家も攻撃対象ではありませんでした。それは日本とハワイの郵政省同士の戦いだったからです。

ところが日本の攻撃は破産契約が終了するハワイ時間で朝8時の予定だったのにもかかわらず、奇襲を開始した時間が若干8時手前だったため、ハワイの破産が終了する前に攻撃してしまったのです。これは国際破産法に違反し、フランクリン・ルーズベルトはナチスの阻止と日本軍からフィリピンを守るという口実を得、宣戦布告を許されることになります。そしてハワイは外国からの侵略を恐れてロスチャイルド銀行と再度70年の破産契約を結ぶことになります。ハワイがこの破産から解かれるのが70年後の２０１１年ですが、破産契約から解除され独立国になるためには90日間の法律を有効にする期間が必要になります。ですから２０１１年12月7日から一年の猶予期間と法律を有効にさせる90日、そして45日間のモラトリウム期間と3日の合意解除法を経て正確には２０１３年4月ごろになります。

このように歴史のタイムラインを見ていくと驚くと同時に異説であるため受け入れることができない人もいるかもしれません。私も初めてタイムラインの重要性を知ったときには啞然《あぜん》としました。例えばロシアの場合もタイムラインに沿っています。

１９１７年3月に2月革命がロシア帝国の首都ペトログラード（現サンクトペテルブルグ）で勃発するとロシア皇帝ニコライ二世が退位し、ロシア帝国が崩壊します。臨時政府が樹立し「ロシア共和国」を目指すも、ウラジーミル・レーニンはそのころスイスからドイツ経由でペトログラードに入り込むと臨時政府打倒のためクーデターを計画、そしてロシア革命を戦うためにロスチャイルド銀行から資金を集めました。こうして１９１７年にロシア帝国が崩壊しロスチャイルド銀行からボリシェヴィキ（左派）が資金を調達することで70年間の破産契約が成立します。１９１７年から70年後の１９８７年にロナルド・レーガン米大統領は西ベルリンの壁の前で「Mr. Gorbachev, Tear down this wall.（ゴルバチョフさん、この壁を壊しなさい）」という有名な演説をします。これはレーガン大統領もソ連の70年の破産契約が満期になることを知っているからこのような演説を行ったのです。

たくさんの犠牲者を出した内戦や過去の大戦ですが、もし世界規模の戦争が起きていなければ1970年代にはすでに現在の世界人口数に達していたといわれています。1970年代の産業レベルで現在の世界人口数を賄《まかな》うことが果たして可能だったでしょうか？　真珠湾攻撃のタイムラインがズレた裏には、どこからかそのような調整があったのではないかと思います。

戯作システムを突破した統語論

このように紀元前から人類を縛ってきた海事法のシステムですが、1988年4月6日にウィスコンシン州出身のデイヴィッド・ミラー氏によって突破されることになります。

デイヴィッド・ミラー氏の両親はフリーメイソンのメンバーであり、彼自身もメンバーでした。1980年にデイヴィッド・ミラー氏は子供の親権をめぐり法廷での論争に何年も費やしたことで、裁判官は法律ではなく「見解」に基づいて判定を下していることを痛感します。しかし裁判官の見解による判定の証拠を証明できないため、彼の主張は裁判官には無意味でした。そこでミラー氏は誰からでも同意を得られる〝数学的な方程式に基づいた構文〟を研究することにします。なぜならば法廷で誰でも3＋3＝6に異議を唱える人はいないからです。そして1988年4月6日、ミラー氏は品詞分解した構文を数学的に証明することに成功しました。こうしてデイヴィッド・ミラー氏は**8500年間続いた文字による戯作のコードを破り、地球上のすべての憲章や条約を無効にしてしまった**のでした。

まずデイヴィッド・ミラー氏はマンリー・P・ホール（Manly P Hall）の著書である〝The Secret Teaching of All Ages〟の内容を彼が開発した「統語論（Quantum-Grammar Syntax）」※によって書き直すことで完全解読しました。こ

■『The Secret Teaching of All Ages』マンリー・P・ホール（米 Amazon 版）

の著書は世界の秘教教義の伝統の集大成であり、カルト百科事典のようなものです。ミラー氏が所有しているマンリー・ホール著の秘教百科事典は横幅15インチ、*29 縦幅2フィート、厚さ2インチにもなる世界で五冊しかない書物です。アマゾンで販売しているのは不完全なバージョンのようです。世界の秘教シンボルの完全解読により、ミラー氏はのちにバチカンからキー・マスターとしての権限を与えられます。

※Quantum-Grammar Syntaxについては巻末の特別編参照

世界で初めて8500年続いた戯作システムを突破したデイヴィッド・ミラー氏は全国をまわり彼のQuantum-Grammar Syntaxに関するセミナーを開催し、法システムの欠陥などを指摘しながら人々の教育と統語論の普及に努めました。1995年にデイヴィッド・ミラー氏は当時大学生であったワイオミング州出身のラッセル・グールド氏に出会います。ラッセル・グールド氏は小学生の時に統語論をサマースクールで習ったことがありましたが、ミラー氏に出会ったことで視野が広がり、一緒に統語論を研究することになります。

---

*29　**大きさ**：横幅15インチ（約38㎝）、縦幅2フィート（約60㎝）、厚さ2インチ（約5㎝）

しかし統語論に対してミラー氏とグールド氏の目的には決定的な違いがありました。それはミラー氏の目的はあくまで彼が発明した統語論の研究の継続とフリーメイソンであるが故、支配層の教育、そしてできれば一般人にも彼のQuantum-Grammar Syntaxを普及させることでした。しかしグールド氏はミラー氏の発明したQuantum-Grammar Syntaxを応用させて金融、軍、郵便、法廷の力学を書き換えることによって人間の奴隷化を阻止し、世界に変化をもたらそうという志を燃やしていました。

ラッセル・グールド氏は、実際に法廷で失敗を重ねながらも、裁判文書がどのように郵便業と連携しているのかといったシステム構造を実戦で学びます。そして外国主権国家がアメリカの裁判所で訴えられる可能性の制限を問うForeign Sovereign Immunities Act（外国主権免除法）に遭遇し、この法律の必要性から、実はアメリカは破産国であるということを知ることになります。さらになぜアメリカが破産国であるのかを追求していくと、アメリカ合衆国の憲法が破産契約書であったことを学び、そして２１０年続いた合衆国の破産契約がいよいよ１９９９年に満期になることも発見します。

また郵政の仕組みを勉強したラッセル・グールド氏は、契約において「国旗」の重要性を発見します。海事法を思い出してください。なぜならば固定されていないもの（国）が船舶として地球上をさまよっているのであれば、船舶を港にドッキングした時、契約を執行するための「裁判地」を識別する旗が必要となるからです。旗がなければ契約が結べないのです。契約が結べなければ軍を動かすこともできません。ですから統治する時、すべては国旗の獲得から始まります。１９９９年9月17日の合衆国破産満期が過ぎれば今までの国旗も憲法もすべて消滅することになります。そうなるとアメリカ合衆国は、外国から攻撃されても米軍は合法的に反撃できないという危険な状況下に置かれることになります。

国旗を守り抜け

グールド氏とミラー氏は1999年に合衆国が消滅する前に**公式なアメリカ合衆国の国旗を獲得すること**を試みます。そしてミラー氏の発明した『Quantum-Grammar Syntaxで合衆国国旗の指定と明示（タイトル4）』を書き直し、言語がユニークであるがゆえ特許を獲得することに成功します。ちなみに彼らが特許を獲得した国旗のサイズは1：1・9という比率サイズになっています。また二人は1999年7月25日にアメリカ合衆国に対して訴訟を起こし、連邦最高裁判所、議会に正しい文章で明示されたタイトル4の国旗を提示するようにチャレンジしました。しかし議会も連邦最高裁判所も統語論を理解できる人がいなかったためか、または本気にしていなかったのか、この訴訟は無視されました。この訴訟は、二人が特許を取った国旗を掲げて国連に行く前に、政府に忠告をする意味で行ったものと思われます。

1999年8月12日、Quantum-Grammar Syntaxという世界でたった二人だけの独特の言語を公用語とし、正しく書き直した憲法、銀行設立免許そして国旗を所有する二人は独立国家として国連から承認されます。そしてどのような独立国を統治するのかという国連からの問いに対し、二人は「裁判所がある世界のすべての地」と答えることにより、誰よりも海事法をマスターしていることを国連で認められます。またラッセル・グールド氏は、特許を獲得した国旗を所有しているため独立国の郵政長官としても認められ、国連の郵便組織である国際連合郵便と設立協定を結びます。しかし二人が独立国家としての公式の国旗をもってワシントンD.C.に乗り込むにはアメリカ合衆国の破産満期まで待たなければなりませんでした。

もちろん政府から妨害がなかったわけではありません。ミラー氏はロスチャイルド家やビル・クリントンといった世界の支配層上層部3％を教育するという契約の元、全国をまわってQuantum-Grammar Syntaxのセミナーを開催していました。これはグールド氏が求めていることとミラー氏の人脈の利益とが矛盾することを示します。

なのでミラー氏はその矛盾を恐れて、タイトル4を獲得した合法の国旗を掲げてワシントンD.C.入りすることを拒否しました。しかしグールド氏はまだ若かったためか恐れを知らず、合法の国旗を持ってワシントンD.C.入りします。

グールド氏は独立国家として国連に認められた米国旗を所有するため政府の脅威となり、何度も投獄されます。さらには刑務所で体罰や食事の拒否、囚人服を着ずに二か月も裸で過ごすといった過酷な日々をも経験します。意味もなく投獄されたため、囚人服や食事といった刑務所から与えられたものを受け取らないことで彼は刑務所と契約を交わすことを拒否したのです。こうしてグールド氏と政府との国旗をめぐっての戦いが始まりました。しかしグールド氏は最後まで国旗を守り抜き、政府に降伏しませんでした。

またラッセル・グールド氏は郵便業を学ぶため、ワイオミング州の郵便局長であったジョン・グレイ氏と交流がありました。ジョン・グレイ郵便局長は33階級フリーメイソンのメンバーであったため、ミラー氏のQuantum-Grammar Syntaxに興味があったようです。グールド氏が釈放されワイオミング州に戻り、グレイ郵便局長を尋ねると彼はすでに引退していました。しかしグレイ郵便局長は国旗を守り抜いたグールド氏のために郵便監察局の求人申し込み手続きを用意してくれていたのです。グールド氏は早速申し込み用紙をQuantum-Grammar Syntaxで書き換え記入し、ワシントンD.C.の郵政省に、自分宛てに返信用証明書と自分の宛名（サイン）を添えて、配達証明郵便で送り付けました。ワシントンD.C.の郵政省は配達証明書のラベルをグールド氏の宛名の上に貼りつけ、スタンプを押し領収証部分を送り返しました。このグールド氏のサイン（宛名）の上に郵政省が領収証というラベルを貼りスタンプを押したということは、船舶である文書が郵政省によって合法的に処理されたことになります。こうすることでグールド氏は自分の船舶をワシントンD.C.の郵政省にドッキングすることに成功します。２０００年11月2日以降、アメリカ合衆国は信託の受託者である大統領、憲法、国旗、出生証明書システム、米国内国歳入庁、議会、各省などすべてのものが消滅しました。この時、正式な国旗、憲法、そして自らの存在証明書を持つ人はラッセル・グールド氏ただ一人だけだったのです。つまりアメリカが不在であった90日の間に、ワシントンD.C.に正式な郵政長官が誕生したのです。

２００1年、新たな法人がブッシュ政権下で始まりました。しかしジョージ・W・ブッシュ大統領は正式な国旗も憲法も所有していない企業の責任者です。ワシントンD.C.にはすでにラッセル・グールドという正式な郵政長官が誕生したのですから、２０００年以降は行政も立法も政府機関のなにもかもすべて違法に存在しているのです。

郵政長官になったラッセル・グールド氏が最初に行ったことは財務省を訪れ違法の国旗を降ろさせ、グールド氏によって取り返したアメリカ合衆国の正式な国旗を掲げさせることでした。次に向かったところは連邦準備制度であり、近い将来Quantum-Grammar Syntaxを使用した銀行設立免許に書き直しになるということと、また連邦制度は近い将来必要なくなることを告げました。２００2年のことです。

２００３年にはワシントンＤ．Ｃ．に本部を構える世界銀行と国際通貨基金（ＩＭＦ）に行き、銀行設立免許書や憲章をQuantum-Grammar Syntaxで正しく書き直し、さらに海軍省に連絡を入れます。こうして海軍省が二人が特許を獲得した合法な米国旗を手に入れ、さらにアメリカ合衆国憲法、権利章典、独立宣言もQuantum-Grammar Syntaxで書き直し、海軍省はグールド氏と契約を結びます。そして同年、グールド氏とミラー氏は国際刑事警察機構（インターポール）、バチカン市国、そして万国郵便連合を訪れ、合法な米合衆国郵政長官として条約を結び直します。この時二人はバチカンのキー・マスターとしての権限を得ます。さらにグールド氏はキー・ホルダーとしての権限も得ています。ただし二人が正式にキー・マスターの権限を使用できるのはヨハネ・パウロ二世の死後（２００５年）からになります。ヨハネ・パウロ二世以降の教皇は正式なキー・マスターとしての権限はありません。

しかしだからといってすぐに国の体制が変われるというわけではありません。グールド氏は新しい体制が準備できるまで他国を攻めないという平和条約を国防総省と結びます。また国連とも新体制が整うまで破産国家としてふるまい他国を攻撃しない、または他国から攻撃されないよう条約を結びます。しかし２００４年、ブッシュ政権がイラクへ侵略したことでこのグールド氏と国防総省との間の平和条約は破られることになります。グールド氏は戒厳令を発令させ、ワシントンD.C.のオベリスク付近で45日ごとに軍の上層部、さらにはジョージ・W・ブッシュ大統領、ディック・チェイニー副大統領、ドナルド・ラムズフェルド国防長官を含む当時の政権の中心人物たちを４年間費やし軍事裁判にかけました。もちろん新世界秩序の樹立を目指すブッシュ政権の中心人物などから反撃を受けたグールド氏は無傷で済むはずがありません。グールド氏はワイオミング州で海兵隊に拉致されると、カリフォルニア州、オクラホマ州、そしてミシガン州の刑務所を無実の罪でたらい回しにされ、ひどい仕打ちを受けます。最終的には海軍の特殊部隊がグールド氏を刑務所から救い出したようです。そしていよいよ２００６年には、今まで支配層から守られていたデイヴィッド・ミラー氏にも圧力がかかり、ウィスコンシン州の法廷で彼は国旗を手放してしまいます。

これで国旗を所有する者はグールド氏だけになりました。数年後、二人は和解しますが、それでも国旗を所有しているのはグールド氏だけです。その後もミラー氏は金融界からの圧力もありグールド氏の意思に反する行動をとったりしたため、グールド氏の新しい金融プランはなかなか軌道に乗りませんでした。しかしミラー氏が２０１８年夏至の日に亡くなり、45日のモラトリアム期間を経てQuantum-Grammar Syntaxの特許がグールド氏だけに受け継がれると、もう誰も彼を止めることができる者はいなくなりました。

■ワシントンD.C.のオベリスク（ワシントン記念塔）。ワシントンD.C.の中心部に位置する

支配世界の終止符

２０１２年12月21日にラッセル・グールド氏とデイヴィッド・ミラー氏はフィラデルフィアにあるベンジャミン・フランクリン郵便局（コート）をオープンさせました。これでグールド氏は郵政長官としてアメリカの大陸法と海事法の両方の裁判地を獲得します。つまりグールド郵政長官は地球上をさまよっている国民を港にドッキングさせ、陸地に引き揚げる権限を得たのです。

ラッセル・グールド氏とデイヴィッド・ミラー氏によって国連で82か国に紹介された新しい金融プランや新しく書き直された憲章は２００３年以降、各国の財務省で研究されています。グールド氏はアメリカ国内で巻き起こっている愛国者ブームを肌で感じ、２０１７年冬至の日にキー・マスターとして連邦準備制度に行きます。グールド郵政長官は大陸法と海事法のトップであるとし、連邦準備銀行という外国の船舶を

1999年以降、自分の大陸に無断でドッキングしているとして閉鎖するように指示しました。この時、連邦準備銀行から罰金として1700万トンの金塊を回収したようです。これを財務省に収めれば国債なんて軽く吹っ飛ぶことでしょう。これはトランプ政権の時ですから当時のジェームズ・マティス国防長官は十分承知していることと思いますが、トランプ政権からグールド氏へは何もコンタクトがなかったようなので、この話は持ち越されているようです。

人々は今まで地球をさまよう空っぽの船として扱われ、挙句の果てには新世界秩序の樹立によって支配層から収穫される寸前にまで危機が迫っていたのです。しかし一人の愛国者の信念によりアメリカ建国以来の呪縛が解かれ、新世界秩序を横からハイジャックしたような形で人間の奴隷化にストップがかかったのです。

もちろん終止符を打つ役はグールド氏でなくても他に適役はいたはずです。しかし政治家はみな、問題を認識しているにもかかわらず20年間も放置して誰も責任を取ろうとはしませんでした。それどころか再度イギリスの君主にアメリカを贈呈しようとしていたのです。そんな国家危機の状況下、ワイオミング州出身の普通の若者が解決策を見出し、彼一人の手で世界に終止符を打ったのです。それは彼が海事法を熟知し、国旗を決して手放さず、そして一連の行動に継続性があったからです。その彼の揺るぎない信念に世界は少しずつ協調し始めています。２０２０年大統領選を終えた今、世界が非常に静かなのもそのせいです。

真実は決して変わることはありません。そして最後に真実が勝つのは、いつか必ず真実が表に出てくるからです。まさに２０１２年12月21日、死者たちは世紀末を経て生き返り、一人一人が独立した船長となって自分の「思考」や「記憶」を乗せた貨物船で次の時代に向かい航海し始めたのかもしれません。

総括　トランプ大統領の無血開国――あとがきにかえて

２０２０年の米大統領選をめぐりトランプ支持者たちの間で議論となったのは、トランプ大統領は非常事態を発令させ、政府を戒厳令下に置くべきかということでした。しかし実際には２００４年12月12日からすでに各州では密かに戒厳が布かれていたということを一般の人々は知りません。正式な政府が２０００年から存在しないのですから秩序を保つために各州が戒厳令下であることは当たり前といえばそれまでですが、そのような事情は国民に伏せられ、偽りの政府がいかにも国が機能しているように演じているのが現状です。不正選挙結果を阻止するために現政権が戒厳令の正当性を国民に納得させ、表に押し出した政策を選択した場合、いったい誰が一番利を得ることになっていたのでしょうか。誰が戒厳令を激賞し、誰が否定的だったのか。なぜ戒厳令発令が正当化されるまで事態がエスカレートしたのか。不正選挙で何を得ようとしていたのか。このような状況を再考察し、違った角度から2020年の大統領選挙を見直す必要があります。

アメリカでは新型コロナパンデミックにより自宅待機という行政命令が出た時、戒厳令の噂が流れました。あの時は行政命令は戒厳令ではないという認識でしたが、すでに各州は戒厳令中であったと思うと滑稽《こっけい》です。ワクチン開発プロジェクトである「ワープ・スピード作戦」というマンハッタン計画にたとえた国家軍事プロジェクトは戒厳令中であるため、民間企業ではなく軍隊の管理下に置かれたのです。これは国民にとって危険なプロジェクトであり、軍事兵器であるワクチンが義務化する恐れがありました。なぜならば2000年11月2日から国が存在していないため、アメリカ人の出生証明書システムは無に帰し、放棄された国民という船の屍《しかばね》がふよふよと海上に浮いてる状態だったからです。20年間放棄されたものはどこにも属しないということで誰でも捕獲することができます。45日間と3日間のモラトリアム期間を経て2020年12月21日、アメリカ国民はワクチンという名で軍産複合体によって収穫されるところだったのです。この軍産複合体による作戦はラッセル・グールド氏の働きによって阻止されました。現在バイデン政権下、ワクチンの普及が迷走しているのはそのためです。

このように再考察すると、この大々的な選挙不正は米民主党や外国勢力が起こしたというよりも、外国を利用した軍産複合体によるクーデターであったのではないかと個人的に考えています。ワクチン接種の強制化で人々を収穫し、世界人口の全奴隷化を目指していた勢力にとって、戒厳令の正当性は彼らの計画を推し進める絶好のチャンスだったことでしょう。また今回のために開発されたワクチンは一般の不活化ワクチンではなく、遺伝子組み換えされたメッセンジャーＲＮＡワクチンという軍事兵器の一環です。２０２１年元日にはＦＥＭＡ（アメリカ合衆国連邦緊急事態管理庁）に政府予算が投入されました。戒厳令によって政府機関を軍に移管させて軍事兵器であるワクチンを強制されたら、人々はどこに逃げればいいのでしょうか？　コロナパンデミックによって空港はコントロールされていますし、国境は壁を建設していますから国境を越えて逃げることは難しいです。

トランプ大統領はメキシコとの国境の壁を建設する公約を掲げ、人々から支持されていました。大統領として自国の国民の安全を守ることは非常に重要な課題です。国境の壁は不法移民の流入の阻止に大変有効であると思いますが、同時にアメリカ人の流出も阻止します。閉じ込められた空間で軍隊が国民を強制的に捕獲しようとすれば、国民は銃を持って立ち向かうしかありません。アメリカでは国民が武装権を持っているからこそ、たとえ密かに国が戒厳令中であっても軍隊が国民に対して暴走しにくいのです。軍産複合体が彼らの計画を推し進めるのならば、アメリカ国民自らが「どうか戒厳を布いてください」と願うような状況を作り出す必要があったはずです。2020年の不正選挙をめぐって大勢の愛国者は戒厳令に肯定的でした。興味深いことに2018年、議会で国境の壁建設費用の予算が否決された時、代わりに国防総省から壁建設費用予算が翌年割り当てられています。

トランプ大統領は戒厳を布かずに政権を終了させました。なかにはトランプ大統領は国を守るために何もしなかったと言う愛国者たちもいます。一部の愛国者の期待を裏切ったことは確かです。しかしあの状況下でトランプ大統領は、国旗も憲法も軍も持っていなかったのですから、何もすることができなかったのです。

２０００年以降、正式なアメリカという国が存在していないのですから、選挙に関するガイドラインも存在していないのです。なので選挙に関して不正行為があっても、誰が選挙人を選ぼうとも関係ありません。ある意味、外国人でさえも大統領に就任できる状況なのです。第一に公式の合衆国の国旗を所有しているラッセル・グールド氏とは民主党も共和党も選挙委員会も、誰も契約を結んでいないのですから、大統領選挙自体が違法行為なのです。現在（２０２１年３月）就任式後もホワイトハウスと議会議事堂の周りをバリケードで囲んでいるのは、２０００年以降、ワシントンD.C.市内にさらにワシントンという別の法人を設立して運営しているからではないかと察します。しかし何も所有していないバイデン政権が一体いつまでこの状況を続けるのかは不明です。

また最高裁判所は外国の地であり国民のための裁判所ではありません。裁判所にある黄色いフリンジの国旗が海事法を示しています。選挙が終わった現在でも不正選挙をめぐって訴訟を起こす弁護士たちが絶えませんが、連邦最高裁判所が聞く耳を持たずに無言で訴訟を却下するのは選挙自体が違法行為であるからです。ラッセル・グールド氏が真の連邦最高裁判所長官です。連邦最高裁判所の判事たちには違法の大統領には従わないようにラッセル長官から指示が出されています。リン・ウッド弁護士にソーシャルメディアでこき下ろされたジョン・ロバーツ現長官はデイヴィッド・ミラー氏のもとで20年以上もQuantum-Grammar Syntaxを勉強していた判事です。ですから法曹界がそのような事実を知らないなどとは考えられません。それでもめげずに訴訟を起こす弁護士たちの行動は、国民の人気集めのパフォーマンスか工作員か、それとも無知のどれかでしょう。

国を会社として運営することは別に悪いことではありません。古いシステムに終止符を打ち、新しい法人を設立して国を運営していくべきです。そのためには行政府や立法府は、合法的に政府機関を機能させるためにラッセル・グールド氏とQuantum-Grammar Syntaxで契約を結ぶ必要があります。言い換えれば、ラッセル・グールド氏と契約を結ばない限り、政府機関は合法的に存在できません。

結局、不正選挙をめぐり、戒厳令のプレッシャーの中、愛国者たちによる暴動を回避させ、トランプ大統領が静かに政権を去ったのは、国民に危機が迫っていたからこその行動だと思います。トランプ大統領は、軍産複合体に半ば乗っ取られていた政権を静かに終了させホワイトハウスを明け渡したのです。それは江戸幕府最後の将軍、徳川慶喜の無血開城を思い起こさせます。

最後までお読みいただきありがとうございました。

吉野　愛

特別編「Syntaxという統語論について(Quantum-Grammar Syntax)」は横書になっています。163ページからお読みいただけます。

https://youtu.be/A6poI2tE_BQ

:Russell-Jay: Gould. Quantum-Grammer-Seminar. Nevada (2018).
https://youtu.be/Y2cJOnR0Zcw

:Russell-Jay: Gould. Quantum-Grammer-Seminar. Nevada (2018).
https://youtu.be/V5Nlx57JmDA

:Russell-Jay: Gould. Last-Flag-Standing. 2020.
https://lastflagstanding.com (accessed 2021)

Fanning, Mary; Jones, Alan. The American Report. 2020.
https://theamericanreport.org/category/home/the-hammer (accessed 2020-2021)

:David-Wynn: Miller. :Russell-Jay: Gould. Quantum-Grammer-Seminar. Hawaii
https://youtu.be/qvm2jqOuGbo

:David-Wynn: Miller. :Russell-Jay: Gould. Quantum-Grammer-Seminar. Hawaii
https://youtu.be/3IKFYtYUWAo

:David-Wynn: Miller. Quantum-Grammer-Seminar. Hawaii (2012).
https://youtu.be/pOwlLxD7T-I

:David-Wynn: Miller. Quantum-Grammer-Seminar. Hawaii (2014).
https://youtu.be/EIjdd9dQxtQ

:David-Wynn: Miller. Quantum-Grammer-Seminar. North Carolina (2016).
https://youtu.be/NewpmBZlVo8

:Russell-Jay: Gould. Quantum-Grammer-Seminar. Nevada (2018).

システムは金融リセットや量子コンピューターなどを宣伝していますが、まず契約を結ぶとき「国旗」が必要になることはすでに説明しました。NESARA（ネサラ）やGESARA（ゲサラ）といったアイデアも語られていますが、指標となる国旗がなくては契約を結べずどれも非現実的な話なのです。

デリバティブベースではなく、資産や資源、インフラストラクチャーなどをベースとした新しい金融システムに関する話はすでに2003年に国連でグールド氏とミラー氏が82か国を対象に説明会を催していますので、その説明会での話が第三者によって「量子」という言葉だけピックアップされ、違った形に解釈されて拡散されているのが現在インターネット上で流行っている量子コンピューターによる金融リセット話ではないかと思います。またQuantum-Grammar Syntaxによって世界が新しい金融システムに切り替わっても一般の人々にはそれほどの影響はありませんので問題ありません。

■特別編 参考文献 インターネット

Rachel Prince, dir. Last-Flag-Standing. :Russell-Jay: Gould. perf. 2020.
https://youtu.be/fpFzt77huxc

とラッセル・グールド氏によるフレディマック（連邦住宅抵当貸付公社）とファニーメイ（連邦住宅抵当公庫）のサブプライム住宅ローンの契約書を統語論で論破したことから始まったようです。住宅ローンの契約書を論破してしまったことでロンドンの保険会社が一夜にしてフレディマックとファニーメイと契約破棄したため、金融界に混乱が起きたのです。

統語論は金融界をメルトダウンさせるほどの威力を備えています。しかし中途半端な統語論の知識で法廷に臨めば身体的にも痛手を受け、刑務所に直行することになります。統語論をマスターせずに中途半端に使用し、有罪判決を受け現在刑務所で過ごしてる人も数名います。ある意味諸刃の剣のようなものですから、デイヴィッド・ミラー氏が亡くなられた後は、ラッセル・グールド氏が責任をもって管理しています。

またラッセル・グールド氏が箱から外し、Quantum-Grammar Syntaxで書き直した元素周期表とともに国際度《ど》量衡《りょうこう》局*30の憲章の書き直し、そして銀行設立免許なども書き直しました。Quantum-Grammar Syntaxに「量子＝Quantum」という文字が付くため、オルタナティブ系メディアが語る量子金融システムと意味を混ぜがちですが、これは全くの別物です。オルタナティブ系メディアが語る量子金融

＊30　**国際度量衡局**：メートル法（国際単位）を維持する機関のひとつ。

数学的証明

3＋3＝6

6－3＝3

構文の数学的証明

For the bridge is **over** the water.

For the water is **under** the bridge.

“For” という冒頭の前置詞が欠けて文が “The” から始まる場合、

The bridge is over the water.

“The” が単独であるため副詞とみなし、そのあとに続く “bridge” は自動的に動詞扱いになります。“is” は副詞に変化し、そのあとに続く “over” は動詞に、“the” は副詞、“water” が動詞扱いになります。このような構文の契約書は偽証扱いになります。

このようにして1988年4月6日、デイヴィッド・ミラー氏はQuantum-Grammar Syntaxの発見によって地球上の条約をすべて無効にしてしまったのです。しかもそれだけではありません。2007年ごろからアメリカで起きたサブプライム住宅ローン危機ですが、事の始まりはデイヴィッド・ミラー氏

Caは羊だそうですから、Americaとは本来、「羊に慈悲なし」という意味だそうです。アメリカ大陸に上陸したヨーロッパ人の残酷さが伝わります。

まずQuantum-Grammar Syntaxの品詞分解を数学的に証明するために、品詞に数字を順番に振り分けます。

0　接続詞（And/Or）←接続詞は2つ。Andは命令、Orは選択

1　副詞（修飾語）←〈1〉副詞は〈2〉動詞を修飾する

2　動詞（動作、思考）

3　形容詞（ニュアンス、意見、修飾語）←〈4〉代名詞を修飾する＝意味が変化＝偽証

4　代名詞（Pronoun = Pro/no/un = no no no）

5　前置詞（用語、専門語）←契約者間の言語の統一、文の始まり

6　所有格（冠詞）←所有格が変わると名詞の意味・説明が変わる

7　真実（名詞）←〈5〉〈6〉〈7〉を単独で使用する場合はすべて〈1〉副詞扱い

8　過去（-ed, from）

9　未来（pre-, to）←フィクション

De = no

Clar = speak

At = contract

Ion = contract

In = no

De = no

Pen = write

De = no

Ence = contract

つまり独立宣言である「Declaration of Independence」とは、

You will not write contract（契約を書かない）

You will not read contract（契約書を読まない）

ですので「契約がない」という意味になります。

また興味深いのは「America（アメリカ）」という単語です。Americaは A/Meri/Ca と分解しますが、冒頭の母音が一つの音節を踏んでいますので、否定になります。Meriは慈悲、

また契約は現在の空間でのみ書かれます。契約を結ぶということは二人で一つのことに同意するという意味です。このとき二人は「現在」にだけ存在します。過去の契約は結べませんし、未来はすべてフィクションですから偽証扱いになります。例えば「Pre-」という接頭辞がつく単語は未来のコンディションであるからして、そのような単語は契約書には使用できません。

また契約はすべて肯定文になります。これは文法的に肯定文を構成するという意味以外にも、否定形を成す単語は偽証となり使用できません。例えば母音から始まる単語でその母音が一音節を形成する場合、その単語はすべて否定の意味を持ちます。または母音＋２つの子音で始まる単語も同様です。このような単語は契約書には使用できません。

例えば“Declaration”と“Independence”はそれぞれ「宣言」「独立」と訳されますが、単語を統語分解すると、De/Clar/At/Ion（Declaration）、In/De/Pen/De/Ence（Independence）になり、分解後はこのような意味になります。

特別編

Syntaxという統語論について（Quantum-Grammar Syntax）

品詞分解による英文の数学的証明の統語論テクニック（Quantum-Grammar Syntax）は現在、故デイヴィッド・ミラー氏の後を継いだラッセル・グールド氏がすべての著作権を所有しています。ここでは二人が長年研究してきた統語論について、ほんの少しだけコンセプトの解説を掲載します。詳しい内容は参考文献にURLを記載しています。

統語論は言語において文が構成される形式を、音の仕組みと文法で一定の規則性を組み合わせていきます。それにはまず品詞分解が必要になります。デイヴィッド・ミラー氏は品詞や時間軸にわかりやすいように数字を振り分け、一般の文法構文ではなくて数学的アプローチに基づいた統語論で解読していきます。この方法で書かれた条約や契約の内容は絶対的な意味を持ち、数学的証明もできますので、読み手によって解釈を間違えるなどといったミスは犯すことができません。

吉野 愛　Ai Yoshino

1975年埼玉県生まれ。1999年ペンシルベニア州立インディアナ大学スペイン語文学部卒業。卒業後はマンハッタンで日系の保険会社に数か月勤務後、バイヤーに転職。9.11テロ事件後、ニュージャージー州に移動し、雇われる側から起業家へ変貌、10年以上犬関連の仕事の道を歩む。現在「新しい視点から分析する世界情勢」というコンセプトのもとに現地でしか分からないアメリカの事情を国際政治が苦手な方にも分かりやすく解読した時事ニュース『メディアが伝えない米国事情』を執筆中。ブログ記事の集約本シリーズ『メディアが伝えない米国事情』や電子書籍の『秘密の子午線弧 ワールドトレードセンター崩壊の裏に隠された子午線』はAmazonのキンドル版で出版されている。また不定期的に出版社ヒカルランドのオンラインセミナーのゲスト講師として出演している。

吉野愛のウェブサイト　https://aiyoshino.com

トランプ大統領の無血開国
誰も知らない2020年米大統領選挙の真相

第一刷　2021年5月31日

著者　吉野 愛

発行人　石井健資

発行所　株式会社ヒカルランド

〒162-0821 東京都新宿区津久戸町3-11 TH1ビル6F

電話 03-6265-0852　ファックス 03-6265-0853

http://www.hikaruland.co.jp　info@hikaruland.co.jp

振替　00180-8-496587

本文・カバー・製本　中央精版印刷株式会社

DTP　株式会社キャップス

編集担当　岡部智子

ISBN978-4-86471-777-9

ヒカルランド　好評既刊！

地上の星☆ヒカルランド　銀河より届く愛と叡智の宅配便

ヒトラーは英国スパイだった！ 上巻
著者：グレッグ・ハレット＆スパイマスター
推薦・解説：船瀬俊介
訳者：堂蘭ユウコ
四六ソフト　本体 3,900円+税

ヒトラーは英国スパイだった！ 下巻
著者：グレッグ・ハレット＆スパイマスター
推薦・解説：内海 聡
訳者：堂蘭ユウコ
四六ソフト　本体 3,900円+税

ブッシュ家 暗黒の系譜
著者：クリス・ミレガン＋アントニー・サットン 他
訳者：北田浩一
四六ソフト　本体 3,000円+税

マルクスと共産主義の本質はサタニズム（悪魔崇拝）だった
著者：在田 実
四六ソフト　本体 2,000円+税

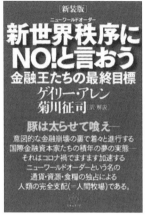

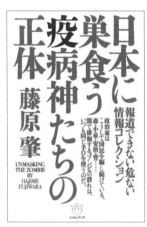

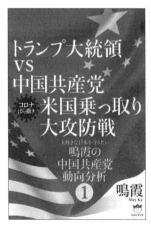

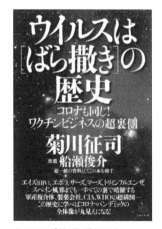

ヒカルランド　好評既刊！

地上の星☆ヒカルランド　銀河より届く愛と叡智の宅配便

PCRは、RNAウイルスの検査に使ってはならない
著者：大橋 眞
四六ソフト　本体 1,300円+税

ワクチンSOS！
著者：高橋 徳／坂の上零
四六ソフト　本体 2,000円+税

コロナは概念☆プランデミック
作：片岡ジョージ
Ａ５ソフト　本体 1,600円+税

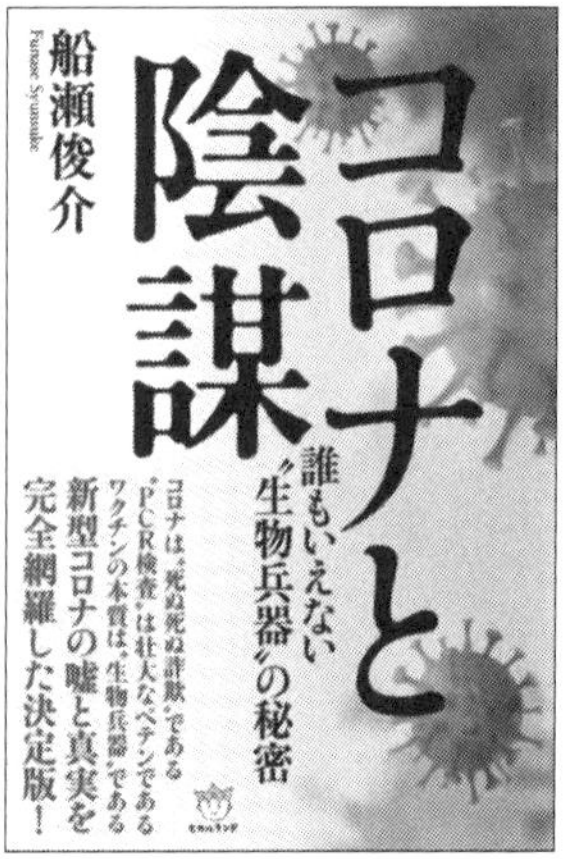

コロナと陰謀
著者：船瀬俊介
四六ソフト　本体 2,500円+税